미국 학교에서 가르치는 미국역사

미국 학교에서 가르치는 미국역사

첫 판 1쇄 2012년 12월 31일
개정판 1쇄 2022년 5월 31일
개정판 3쇄 2024년 3월 4일

지은이 조성일
펴낸이 이향원
펴낸곳 소이연
등 록 제311-2008-000019호
이메일 pundit59@hanmail.net

전국총판 시간여행 070-4350-2269, jisubala@hanmail.net
ISBN 978-89-98913-18-2 43940

ⓒ 소이연 2022, Printed in Seoul Korea

값 16,000원

미국 학교에서 가르치는

미국역사

조성일 지음

소이연

책 쓰는 작가들 중 '개정판' 한 번 내보는 게 꿈인 사람이 많아요. 하지만 그 꿈을 이룬 작가는 드물지요. 나는《미국 학교에서 가르 치는 미국역사》로 그 꿈을 이루게 되었어요. 이 책이 세상에 나온 지 10년이 되어 이번에 개정판을 내거든요. 요즘 책의 삶의 주기 가 지극히 짧은데도 여태 사라지지 않고 남아 있는 끈질긴 생명 력. 모두 독자 여러분의 무한 사랑 때문입니다.

　나는 이 책을 쓸 때 이렇게 오래 살아 있을 거라고는 짐작도 못 했어요. 당시 그저 재선에 성공한 첫 흑인 대통령 버락 오바마의 임기까지만이라도 함께 할 수만 있다면 더없이 좋겠다 싶었지요. 그런데 이후 도널드 트럼프와 그를 이은 현재의 조 바이든까지 모두 3명의 대통령을 만나고 있어요.

《미국 학교에서 가르치는 미국역사》의 개정판은 전면적으로 뜯 어고친 것은 아니에요. 10년의 세월이 흘렀다고 해서 교과서가 바뀌는 게 아니니까. 첫판에 담았던 역사적 사실들은 그대로 다루면서 부분적으로 수정이나 보충설명을 했어요. 그러다 보니 첫판보다 30여 쪽이 늘었네요. 책 쓸 때마다 느끼는 일이지만 개정판에서도 덜어내기보단 더 넣으려는 욕심이 더 컸나 봐요.

오바마 대통령 재선 당선까지 다루었던 첫판에 이어서 개정판은 트럼프와 바이든까지 다루었어요. 당대사여서 역사적 평가보단 간략하게 몇 가지 사실 언급에 그쳤지만.

첫판에서 1차 세계대전 당시 이탈리아가 연합국에 가담했던 사실을 모호하게 기술했었어요. 잘 몰랐다고요? 한 독자의 날카로운 지적이 있었어요. 개정판에서는 이 부분을 명확하게 수정했어요. 지적해준 독자께 특별한 고마움을 전합니다.

《미국 학교에서 가르치는 미국역사》를 쓸 때 기러기아빠였던 나는 지금은 그 신세에서 벗어났고, 아버님이 돌아가셨고, 이 책을 쓰게 했던 두 딸은 어른이 되어 각자의 삶을 잘 살고 있는 등 나의 가족사 연표도 많이 만들어졌어요. 회한이 따르네요. 나의 글쓰기 작업을 응원하는 가족들에게 고맙다는 말을 전하고 싶어요. 자, 마지막으로 허튼소리 하나 할게요. 혹시 재개정판을 내고 싶다면 과욕이겠지요?

2022년 5월
조성일

미국이라는 나라가 있답니다. 세계에서 가장 힘이 센 이 나라는 우리의 삶에 많은 영향을 주었지요. 원조국이고, 동맹국이었어요. 지금도 우리와는 떼려야 뗄 수 없는 관계죠. 우리나라 학생들이 가장 많이 유학 가는 나라라는 사실만 보더라도 그렇잖아요.

나는 어렸을 때 미국이라는 나라가 있는 줄도 몰랐어요. 사방이 산으로 둘러싸인 시골에서 태어나 동네 밖 세상에 대해서는 전혀 알 수가 없었지요. 그러니까 미국을 알 턱이 있었겠어요. 물론 할아버지나 아버지께서는 우편으로 배달되어 하루 지나 받아볼 수 있는 신문을 보셨기에 아마도 알고 계셨을 거예요. 하지만 어느 누구도 내게 동네 밖 세상에 대해서 말해주지 않았어요. 내 삶과는 전혀 무관하기에 말해 줄 필요가 없었던 거죠.

어른이 되어 알게 된 미국은 별 흥미를 주지 못했어요. 나쁜 이미지가 더 많았던 거 같아요. 그런 내가 미국역사 책을 썼답니다. 미국역사 책을 쓰면서 미국이라는 나라를 다시 발견했어요. 미국역사는 우리와는 특별히 다를 줄 알았는데, 그게 아니더라는 사실. 사람 사는 모습이 우리의 역사와 너무도 똑같더라는 사실.

이제 미국역사는 글로벌시대를 사는 우리가 기본으로 알아야 할 교양이 됐어요. 더욱이 유학생이라면 반드시 알고 가야 할 필수가 되었고요. 이 책은 이런 관점에서 썼어요. 유학생에게는 특별한 유학준비서이면서 동시에 일반학생에게는 읽으면 좋을 교양서. 미국 학교에서 가르치는 미국역사라면 이 두 조건을 모두 만족시키는 필요충분조건이 되겠다 싶었죠.

이 책을 쓰면서 많은 사람과 책 들로부터 빚을 졌어요. 여러 미국 역사교과서와 역사책 들, 미국에서 고등학교에 다니는 한 유학생의 도움이 컸어요. 이 친구의 역사 과목 필기노트와 학습자료가 없었다면 아마도 안개 낀 바다에서 등대를 찾지 못해 헤매는 돛단배 신세였을 거예요. 정말 고마웠습니다. 그리고 이 책을 쓰도록 내게 동기를 부여한 두 딸 나희와 재희, 가족 뒷바라지하느라 골몰하는 아내 이향원, 늘 기러기아빠인 나를 걱정하는 부모님, 장모님, 그리고 지난해에 작고한 장인어른께 이 책을 바칩니다.

여러 가지로 부족합니다. 독자들의 매서운 질책과 조언을 기다립니다.

2012년 여름

조성일

차례

위싱턴

오레곤

아이다호

몬태나

노스다코타

사우스다코타

와이오밍

네바다

유타

콜로라도

네브라스카

캘리포니아

캔지

애리조나

뉴멕시코

오

텍사스

태 평 양

멕 시 코

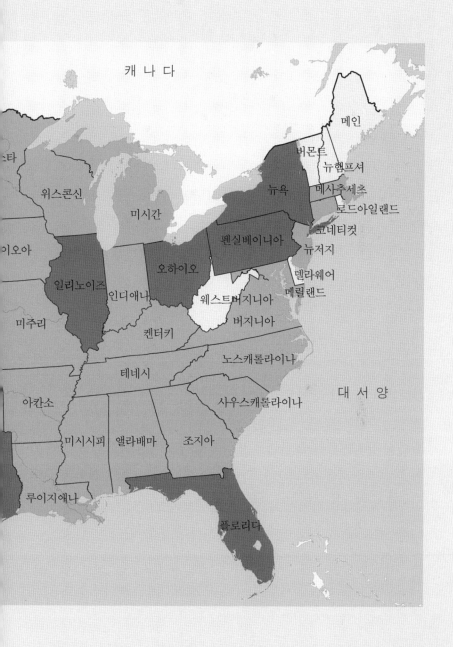

유학 간다고? 코로나19가 뒤끝 부리고 있는데, 괜찮겠어? 백신
도 맞았고, 감기 정도라니까 감당하면 된다고? 그럼, 어디로 가?
호주, 캐나다, 뉴질랜드, 영국, 필리핀……. 아, 미국이라고. 학교
와 홈스테이는 정했어? 유학원에서 다 해준다고? 그렇구나.

 속사포 질문을 좀 더 해볼게. 그럼 영어 공부는? 그거야 누가
대신 해주는 게 아니니까 열심히 하고 있다고. 영어 말고 다른 과
목도 준비하고 있어? 안 한다고. 내 그럴 줄 알았어. 여러분은 영
어만 준비하면 끝인 줄 아는데, 결코 그렇지 않아. 영어를 모르면
아예 수업을 들을 수 없으니까 영어 준비야 당연하겠지. 영어는
준비해야 하는 것이 아니고 무조건 무장하고 있어야 하는 거지.

 영어는 그렇고, 또 준비해야 할 게 뭐가 있을까? 잘 생각해 봐.
주요 학과목도 준비할 수 있으면 해야겠지. 거기까지 생각 못했
다고? 지금이라도 준비하면 되니까 걱정하지 말고 차근차근 준
비해 봐. 이 책을 폈다면 이미 제대로 준비를 시작하고 있는 거

야, 안 그래? 자, 긴장 풀기 위한 잡담은 이쯤하고, 오리엔테이션을 시작하자.

이 책은 제목이 어떤 책인지를 확실하게 알려주고 있지. 미국 학교에서 가르치는 미국역사. 무슨 의미인지 모르는 친구 있어? 다른 설명이 필요 없을 만큼 명확하잖아. 그럼에도 한 가지 궁금증이 일어. 그냥 '미국역사' 하면 될 걸 굳이 '미국 학교에서 가르치는'이라는 긴 수식어까지 달았어야 할까 하는 점 말이야.

 그 이유부터 간단하게 설명할게. 사실 미국역사를 다룬다고 해서 다 같은 게 아니야. 바라보는 입장과 관점에 따라 다루는 내용이 엄청 달라질 수 있거든. 적절한지 모르겠지만, 이해를 돕기 위해 좀 극단적인 예를 하나 들어볼게. 9·11테러, 들어봤지? 2001년 9월 11일 이슬람 테러조직인 알카에다가 항공기를 납치해 뉴욕의 110층짜리 '세계무역센터wrold trade center'를 공격해 무너뜨려 많은 사람이 죽거나 다치게 했던 그 사건. 이 사건은 미국 입장에서 '정말' '절대로'라는 수식어로는 그 충격을 다 표현할 수 없을 만큼 일어나서는 안 될 일이었지. 반면 알카에다 입장에선? 그렇지. 임무를 훌륭하게 수행한 사건, 이렇게 쓴단 말이야. 역사는 이렇게 바라보는 입장에 따라 완전히 달라질 수 있어.
 이런 점을 감안하면 이 책의 성격을 판단해볼 수 있겠지. 이 책은 우리가 서점에서 흔히 만나는 여느 미국역사 책들과는 조금 달라. 어떻게 다르냐고?

이 질문에 대한 답은 내가 이 책을 쓰게 된 동기를 설명하면 될 것 같아. 두 딸이 유학을 가기로 결정하고 열심히 준비하고 있었어. 때마침 미국에서 유학하던 친구 딸이 방학을 맞아 한국에 들어왔다가 우리 집에 놀러왔어. 그 아이는 유학준비생인 두 딸에게 자신의 경험을 전하는 과정에서 미국 학교에서 미국역사를 배웠던 얘기를 하는 거야. 아이들끼리 하는 얘기였지만 '역사'라는 말에 내 귀가 번쩍 뜨였지. 난 역사에 관심이 엄청 많거든. 안 듣는 척 하면서 귀를 쫑긋 세워 들어보니, 이러는 거야. 한국에서 미국역사 책을 미리 읽고 갔는데, 별 도움이 안 되었다, 학교에서 가르치는 것과 너무 다르더라.

우리나라 사람들이 많이 읽는 미국역사 책은 아마도 하워드 진 Howard Zinn, 1922~2010 교수가 쓴 《살아있는 미국역사》일 거야. 대부분의 역사책들은 왕이나 리더들을 역사의 주인공으로 내세워. 그런데 이 책은 민중보통사람을 역사의 주인공으로 삼아. 그러니 자연스럽게 여느 미국역사 책과는 다른 입장일 수밖에. 더욱이 우리나라도 그렇지만 미국 교과서는 특히나 민족주의나 영웅 사관을 중요하게 생각하여 역사를 써. 그러니 그 아이가 읽은 책과 교과서 사이에는 차이가 있을 수밖에 없었겠지. 차이가 있으니까 미리 준비한 게 외려 더 헷갈리게 했을 터이고. 솔직히 고백하면, 그 아이에게 그 책을 추천한 사람은 바로 나였어. 내가 거기까지 미처 생각하지 못했던 거야. 그 책이 인기 있기도 하였거니와, 저자인 하워드 진 교수를 인터뷰했던 개인적 인연도 있어서 아무런 비판의식 없이 그 책을 골랐던 거였어.

그 아이의 푸념을 듣자 나는 OMGOh my God를 되뇔 수밖에 없었어. 엄청 미안했어. 가뜩이나 준비시간이 부족해 발을 동동 구르던 아이에게 쓸모없기까지는 아니더라도 굳이 당장 필요하지 않은 지식까지 신경 쓰게 했으니까. 그러면서 나는 순간적으로 "유레카Eureka"를 외쳤어. 바로 이거구나. 미국 유학생을 위한 미국역사 책을 쓰면 시쳇말로 대박 나겠구나.

이 책을 쓰기까지는 이런 스토리가 숨어 있어. 나는 곧바로 준비작업에 들어갔지. 미국의 초등학교와 중고등학교용 역사 교과서를 구해서 읽었어. 미국역사 교과서는 도대체 어떤 역사적 사건들을 어떤 관점에서 다루는지 우선 알아야 하니까. 그리고 그 아이의 역사 필기 노트와 학습자료도 빌렸어. 학교에서 실제로 배우는, 교과서보다 더 생생한 미국 학교에서 가르치는 미국역사를 만날 수 있을 테니까.

이렇게 나는 두 자료를 기본으로 하여 미국 학교에서 가르치는 미국역사를 파악했어. 그 과정에서 그 아이가 읽었던 역사책과 미국역사 교과서의 시각이 서로 달랐다는 점을 뚜렷하게 확인할 수 있었어. 이 인식을 바탕으로 나는 미국 학교에서 가르치는 미국역사에 콘셉트를 맞추어 집필할 책의 가목차를 만들었지. 근사한 말로 하면 '기획'을 한 거야. 이 책은 이런 고민과 노력의 결과물이라고 할 수 있어. 어때? 유학준비생인 여러분한테 딱 맞는 책이지? 잘했지? 도움 되겠지?

아, 여기서 미리 하나 확실하게 해둘 게 있어. 혹시 이 책이 여느 미국역사 책과 '다르다'고 해서 다루고 있는 '역사적 사실 historical fact'이 다르다고 받아들이면 곤란해. 역사적 사실은 같은데, 이 역사적 사실에 대한 해석이나 관점이 다르다는 의미야. 알겠지?

이 책은 강의 형식으로 쓸 거야. 아무래도 미국 학교의 역사시간이라고 가정하는 게 훨씬 편할 것 같아서지. 그리고 내 역사관은 접어두고 미국 학교의 교과 커리큘럼에 따라 역사를 바라보려고 해. 그렇다고 내 생각을 꽉 닫는다는 뜻은 아니야. 필요하다고 생각되면 내 생각이라는 걸 밝히고 추가 설명도 할 거야.

'미국'의 역사는 매우 짧아. 실질적으로 북아메리카에 터를 잡게 되는 필그림 100여 명이 1620년 메이플라워호를 타고 필라델피아에 도착하면서 미국역사는 시작되지. 불과 400년이 조금 넘을 뿐이야. 아메리카대륙을 발견(?)했다는 콜럼버스 시대까지 거슬러 올라간다 해도 200년 더 길어질 뿐이야. 우리 한반도의 반만년 역사와 비교하면 새 발의 피지.

아메리카대륙에 사람들이 처음 들어온 때는 대략 2만 7천 년 전이라고 역사학자들은 말해. 아메리카 인디언들이 조상 대대로 살아온 거지. 그러니 아메리카에도 역사 하면 으레 있는 구석기니 신석기니 하는 시대가 있었던 거야. 그런데도 미국역사에서는 이 얘기가 아주 조금 맛보기로만 다뤄져. '아메리카' 역사가 아니라 '미국' 역사니까. 뭔 소리냐고? 이유는 곧 알게 될 거야.

우리는 아메리카대륙을 '신대륙'이라고 부르잖아. 콜럼버스가 '발견'한 미지의 땅. 그런데 이 말은 반은 맞고 반은 틀려. 콜럼버스 입장에서는 처음 발견한 새로운 땅이니까 '신대륙'이 맞을 테고, 아메리카 인디언 입장에서는 조상 대대로 살아온 땅이니까 '신대륙'이란 표현은 가당치도 않은 틀린 말일 테지. 하지만 미국 학교에서는 신대륙으로 가르쳐. 이유는 본강의에서 설명할게.

이렇게 시작된 신대륙의 역사는 13개 주 식민지 건설, 보스턴 차 사건, 독립전쟁, 미합중국 건국, 남북전쟁, 노예 해방, 1차 세계대전, 경제대공황, 2차 세계대전, 냉전시대…… 같은 우리가 익히 알고 있는 미국역사의 연표를 만들어 내지.

그런데 앞에서도 잠깐 얘기했지만, 미국 학교 교과서는 이들 연표를 구성하는 역사적 '사건'과 '인물' 들을 선택할 때 우리의 일반적인 시각과는 좀 달라. 위대하고 긍정적인 것 위주야. 물론 전체적인 맥락은 '화합'이라는 대명제를 두고 부정적인 사건들도 적당히 배치하여 균형을 유지하려는 모습을 보이긴 해. 그렇지만 좀 억지 같아서 진정성이 부족해 보여.

미국역사는 유럽에서 이주해온 사람과 그곳에 살고 있던 아메리카 인디언 간의 낯선 만남으로 시작해. 그런데 문제는 굴러들어온 돌이 박힌 돌을 빼내는 과정에서 여러 가지 문제점이 드러난다는 사실이야. 어쩌면 미국역사는 유럽인이 아메리카 인디언을 몰아내고 아메리카 땅의 주인이 되는 과정이라고 할 수 있어.

이렇게 시작된 미국역사는 아메리카에 세웠던 13개 식민지가 혁명을 일으키면서 본격 출발하지. 웬 혁명? 이주해온 식민지인들은 본국인 영국의 간섭과 세금 징수 등이 싫었던 거야. 혁명을 통해 미합중국The United States of America, 즉 미국을 세우지. 미국은 북부와 남부가 각각의 특징을 지닌 형태로 발전해. 북부는 공업을 중심으로, 남부는 농업을 중심으로. 그런데 남부와 북부 사이에는 입장 차이가 큰 게 하나 있었어. 바로 아프리카 노예 문제야. 북부는 필요성이 적어 노예 해방에 대해 찬성했고, 남부는 노예 없이는 플랜테이션 농장을 운영할 수 없으니까 반대했지. 결국 이것 때문에 남북전쟁이라는 내전까지 겪어.

미국은 영토 확장에 욕심을 아주 많이 부려. 루이지애나와 알래스카를 헐값에 사들이고, 멕시코와 일전을 벌여 뉴멕시코 주를 빼앗고, 서부를 개척하고, 괌과 하와이도 편입시키잖아.

20세기에 들어와 자동차를 비롯해 철강, 철도, 전신 등 인류의 발전에 혁명적인 영향을 미치는 발명품들과 함께 주식을 사고파는 금융업까지 등장하면서 미국은 명실상부한 세계 최고의 부자 나라가 돼. 유럽에서 시작한 1차 세계대전에 처음에는 개입하지 않다가 나중에 연합국으로 가담하여 승리하는데, 미국은 이때 무력에서도 세계 최강국임을 과시하지. 그런데 너무 일찍 샴페인을 터뜨렸다고나 할까, 1920년대 말 경기침체가 오면서 대공황이 일어나 지옥으로 떨어졌어. 하지만 허리띠를 졸라매고 뉴딜 정책 등으로 공공 일자리를 만드는 등 갖은 노력으로 이를 극복하고 다시 강대국 미국의 모습으로 돌아와.

그런데 또 한 번 세계 전쟁이 일어나잖아. 2차 세계대전. 이때도 미국은 처음에는 중립주의를 표방하며 개입하지 않았어. 그런데 우리나라를 강제로 점령했던 일본이 하와이 진주만을 공격하면서 태평양 진출을 노골화했어. 미국도 코앞에서 공격해오는 일본의 침공을 나 몰라라 할 수 없는 처지였지. 그래서 미국은 2차 세계대전에 본격 참전하게 돼.

일본의 기습공격에 고전을 면치 못하던 미국은 점차 정신을 차리면서 일본을 궁지에 몰아넣었고, 유럽에서는 이미 마무리 수순에 들어간 전쟁을 아예 끝내기로 작정했어. 어떻게? 그렇지. 일본에 원자폭탄을 투하하잖아. 지금까지 경험하지 못한 가공할 무기 앞에서 일본이 선택할 수 있는 길은 오로지 하나밖에 없었지. 바로 항복이야. 일본의 항복으로 2차 세계대전은 끝났고, 일제의 식민지였던 우리나라는 해방되고. 하지만 해방은 우리에게 또 다른 비극의 역사를 잉태하는 씨앗이 됐어. 여러분도 알다시피, 소련현 러시아를 중심으로 이루어진 소비에트 사회주의 연맹이라는 초강대국이 우리나라를 미국과 나눠 통치하면서 남과 북으로 분단되고, 급기야 1950년엔 남과 북이 전쟁까지 겪어야 했잖아.

이후 미국은 소련과 두 강대국양강 체제를 이루며 치열하게 무기 증강 경쟁을 벌이면서 세계를 쥐락펴락하지. 하지만 이 냉전 체제는 미국의 데탕트Detente, 긴장완화 외교에 힘입어 무기 감축에 나서게 되고, 1985년 소련 공산당 서기장 미하일 고르바초프

Mikhail Gorbachev의 페레스트로이카perestroika, 개방정책에 힘입어 얼음냉전, cold war이 사르르 녹아내렸어. 소련이 점차 자본주의적 성격을 가미하더니 1991년 급기야 해체되고, 소련의 우산 아래 있던 동유럽 공동체가 무너지면서 사회주의가 종말을 고했잖아. 이후는 사실상 미국 독무대가 됐지. 미국 일국체제. 요즘 중국이 양국체제를 형성하려고 도전하긴 하지만 아직 역부족이긴 해.

하지만 요즘 보면 미국의 힘이 조금 빠진 듯한 느낌이 들긴 해. 이슬람 세계와의 갈등으로 9·11테러를 겪고, 이라크, 아프가니스탄과 전쟁을 치렀지만 베트남전쟁처럼 전투에서는 이기고 전쟁에서 지는 결과를 보였지. 2021년 8월 미국이 아프가니스탄에서 군사를 완전히 철수하면서 어떤 일이 일어났는지 똑똑히 봤잖아. 미국이 큰코다쳤잖아. 거기에다 사상 초유의 전염병 '코로나19' 앞에서 보인 미국의 무기력함은 우리가 알고 있던 미국이 아니었어. 세계 최강의 나라가 맞나 싶을 만큼 한심한 대응 수준을 보여줬잖아. 많은 사람들이 미국을 다시 보는 계기가 되었어. 물론 아직까지 '미국은 미국'이라는 것을 많은 사람들이 인정하고 있긴 하지만.

아무튼 이 책은 이런 내용을 중심으로 다루려고 해. 그러니까 다음 시간부터 착실하게 강의를 잘 들어봐. 도움이 될 거야. 오늘 오리엔테이션은 이걸로 끝.

제1강

아메리카, 사람이 살고 있었네!

첫 강의를 시작하려니 조금 떨리네. 이런 경험이 처음이라 낯설어서 그럴 거야. 금방 익숙해질 거니까 걱정하지 말길. 물론 설레는 마음도 많았어. 여러분과 함께 미국역사 기행을 떠나는데 왜 안 설레겠어.

자, 시작해보자. 오늘 첫 강의 제목은 '아메리카, 사람들이 살고 있었네!'야. 얼핏 보아 이 주제는 큰 의미가 없어 보일 수 있어. 하지만 나는 행간에 나름 의미를 집어넣었어. '사람'이란 단어가 누굴 의미하는 건가 하는 점, 말이야. 강의를 들어보면 그 의미를 알게 될 거야.

미국아메리카합중국, United States of America이라는 나라가 세워지기 전 과연 아메리카대륙에는 역사가 없었을까? 아니지. '사람'이 살고 있었으니까 당연히 역사가 있었어. 그런데 미국 학교의 역사 교과서는 미국 이전 시대의 역사에는 별로 관심이 없는 것 같아. 거의 다루지 않을 뿐만 아니라 다룬다 해도 수만 년의 역사를 수백 년의 역사 수십 분의 일도 아닌 것으로 취급해버리거든. 미국 이전 시대에 아메리카대륙에 살고 있던 '사람'은 '미국 사람'이 아니라는 인식 때문에 그들의 역사 또한 중요하지 않다고 보는 거지.

내가 강의 제목을 굳이 '아메리카, 사람들이 살고 있었네!'로 정한 것은 바로 이런 미국 학교 교과서의 인식을 비판하기 위해서야. 강의 제목 행간에 미국 이전 시대부터 살아온 '아메리카 인디언'들도 '미국 사람'이라는 의미를 숨겼지. 아메리카 인디언이 도깨비나 동물이 아니라 미국 국민이고, 또 그들의 역사도 분명 미국역사의 한 부분이라는 것은 엄연한 사실이잖아.

하지만 나도 여기서는 한 번 강의로 미국 이전 시대를 끝낼 작정이야. 미국 학교에서 가르치는 미국역사를 강의한다면서 첫 시간부터 교과서 밖의 역사에 지나치게 관심을 갖는 건 예의(?)가 아니니까.

베링기아를 건너온 사람들

아메리카대륙에 사람이 처음 살기 시작한 때를 역사학자들은 대략 2만 7천 년 전으로 추정해. 콜럼버스나 그 이전의 탐험가들이 '신대륙'을 발견하기 훨씬 이전부터 '사람'이 살고 있었다는 거지. 갈색 피부에 광대뼈가 튀어나오고 머리카락이 검고 키가 작은, 우리 동양인을 비슷하게 닮은 사람들. 우리가 흔히 '아메리카 인디언앞으로는 '인디언'이라 부를게'이라고 부르는 '사람'이 옛날 옛날에 아메리카 땅으로 들어와 대대손손 살아오고 있었어.

그들이 어디에서 왔는지는 아직 명확하게 설명하지는 못해. 여기에는 여러 가지 설이 있어. 그 중 가장 설득력 있는 이론은 사냥꾼들이 아시아와 북아메리카 사이의 육교land bridge를 건너왔을 거라는 거야. 북아메리카와 아시아 어떤 곳 사이의 바다 바닥이 물 위로 드러나면서 사람이나 동물이 건널 수 있는 육교가 만들어졌다는 얘기. 아마도 빙하기 시대일 거야.

그럼 그곳이 어디일까? 많은 역사학자들은 알래스카와 아시아 사이에 있는 베링해협Bering Strait을 지목해. 이때 추위와 배고픔에 떨던 아시아 유목민들이 새로운 사냥터를 찾다가 바닥이 드러난 베링해협을 건넜다는 거야. 베링해협을 건너면 어디지? 알래스카잖아. 당시 알래스카는 시원하고 땅이 습해서 사람이나 동물이 살만했었대. 이때 바다을 드러낸 베링해협을 역사학자들은 베링기아Beringia, 베링육교라고 부르지.

이렇게 아메리카대륙에 처음 들어온 사람들이 바로 아메리카 인디언의 조상이라고 할 수 있어. 미국의 한 교과서에서는 '미국인들의 친척'이라고 표현했더군. 글쎄, 친척일까? 현재 이들의 후손이 미국 땅에 살고 있는 미국 국민이라는 점을 떠올려보면 이들의 역사가 홀대받는 이유를 알겠지?

다른 얘기들도 있어. 항해술이 뛰어났던 폴리네시아인들이 배를 타고 건너왔다, 아프리카인들이 배를 타고 건너왔다, 심지어 몽골인들이 배를 타고 건너왔다고도 해.

인디언, 아메리카 땅의 주인

어쨌든 아메리카대륙으로 건너온 사람들은 여느 지역의 고대인들과 다를 바 없이 처음에는 사냥으로 삶을 영위했을 거야. 사냥한 동물의 고기는 식량이 되고, 가죽은 옷이 되었지. 그러면서 원시 인디언들은 아메리카대륙의 땅과 환경에 적응하게 되면서 새로운 역사를 시작했어. 그들은 우선 식량을 쉽게 구하는 방법을 찾았겠지. 먹다 버린 열매 씨앗에서 싹이 트고, 그게 자라서 맺은 열매를 다시 따먹게 되고…… 이건 그들이 농사를 짓게 된다는 것을 의미해. 또 농사를 지으면서 유용한 농작물을 발견하고, 그 농작물의 재배법을 터득하여 생산량을 늘리고…….

농업은 인류의 삶을 혁명적으로 바꾸어놓잖아. 우선 식습관부터 변화시켜. 사냥으로 먹거리를 찾던 유목민 시절에는 육식이 주식이었잖아. 그렇지만 농업 시대는 당연히 곡식이 주된 식량이 되었지. 그러면서 살아가는 방법에도 변화가 생겨. 작물이 다 자라 수확할 때까지 몇 달을 기다리게 되는데, 이게 한곳에 눌러 앉아 살도록 했어. 다시 말해 '정착'하게 만든 거지. 거처하는 곳도 유목민 시절의 움막 같은 임시 시설이 아니라 안정되게 지낼 수 있는 튼튼한 집의 형태가 생겨나게 되지. 그리고 이렇게 안정된 주거와 식량이 보장되면 당연히 재배면적을 더 넓히게 되고, 늘어난 생산량은 늘어난 가족들을 먹여 살릴 수 있게 되잖아. 그러면서 자연스럽게 인구가 늘어나고 촌락이 형성되고 도시가 만들어지지. 이런 걸 유식한 말로 '문명화civilization'라고 해.

역사학자들은 아메리카대륙에 살았던 인디언이 500종족이 넘을 만큼 다양했고, 찬란한 문명을 만들어 냈다고 말해. 마야, 잉카, 아스텍…… 들어봤지? 그럼 이들 인디언이 어떤 문명을 만들었는지에 대해 알아보자.

미국에 가면 '마운드빌더Mound Builder'라 불리는 유적을 볼 수 있을 거야. 옛날 인디언들이 만든 무덤 같은 둔덕인데, 아데나Adena, 호프웰Hoperwell, 미시시피Missippi 사람들은 특히 크게 만들었다고 해. 아데나와 호프웰에서는 장신구와 도구, 그릇을 함께 묻기도 했었대. 마운드빌더 중 가장 유명한 것은 일리노이 주에 있는 '카호키아 마운드Cahokia Mounds'야. 85개가 넘는 둔덕이 있는데, 이 문명은 대략 3000년 전에 시작되었다고 하지.

2000년 전에 발생한 푸에블로Pueblo 문명도 유명해. '푸에블로'는 스페인 말로 '타운town, 마을'이란 의미래. 이들은 방이 많은 큰 건물에서 살았는데, 이 건물은 북아메리카에 도착한 스페인 사람들이 형성한 타운과 비슷했다고 하지. 그래서 이런 이름을 지었대.

1300년경에 시작하여 약 200여 년간 멕시코 고원지대를 통치했던 아스텍Aztec 문명도 중요하지. 문화 수준이 좀 낮은 수렵민이었던 아스텍인들이 이곳저곳을 떠돌다가 13세기 초 멕시코 텍스코코Texcoco 호수 부근에 정착해. 이유는 텍스코코 호수에서 뱀을 움켜쥔 독수리가 선인장 위에 앉아 있는 것을 발견했거든. 그들에겐 독수리가 선인장 위에 앉아 있는 땅에 나라를 세울 것이라는 전설이 있었대. 그래서 이들은 이곳에다 아스텍 왕국을 세우고 수도 테노치티틀란Tenochtitlan을 건설해. 테노치티틀란은 25만 명의 인구가 사는 대도시였다는 점에서 아스텍 문명이 얼마나 번성했는지는 짐작하게 해주지.

그런데 어이없는 일이 벌어져. 1519년 에르난 코르테스Hernan Cortes, 1485~1547가 이끄는 스페인군이 황금을 찾아 멕시코 연안에 상륙했어. 그러자 아스텍인들은 이들을 예언에 따라 동쪽에서 온다는 케찰코아틀Quetzalcoatl 신이라고 생각했어. 아즈텍인들은 이들을 쫓아내는 것이 아니라 오히려 아주 특별하게 대접했지. 그런데 코르테스는 이 기회를 놓치지 않고 이들의 왕을 인질로 잡아 아스텍을 정복했어. 그러고는 호수를 매립하여 테노치티틀란을 묻어버리고 그 위에 멕시코시티를 건설했지.

아메리카에 살던 사람들

이런 문명을 만든 인디언들은 어떤 삶을 살았을까, 궁금해요?

대표 인디언 33종족 얼굴 수많은 인디언들이 아메리카대륙에 살고 있다.

궁금하면 오백 원. 철지난 개그라고? 꼰대들은 요즘에도 가끔 사용해. 아, 그럼 내가 꼰대가 되는구나. ㅋㅋㅋ.

북서쪽에 살던 사람들

북아메리카 땅에 어떤 사람들이 들어왔는지는 앞에서 말한 것 중 가장 신빙성이 높은 학설을 따를게. 그럼 뭐지? 베링기아를 건너온 것이 되겠지. 베링기아를 건너온 사람들이 가장 먼저 뿌리내린 곳은 건너면 바로 닿는 아메리카대륙 최북단의 서쪽이었어. 알래스카에서 시작해서 북캘리포니아까지 뻗친 태평양 연안지역이야. 동쪽으로는 산, 서쪽으로는 큰 바다와 경계를 이루면서 수천 개의 섬과 만이 있고 울창한 숲이 땅을 뒤덮고 있는 곳이지.

이곳에 들어온 아시아 유목민들은 달리 선택의 여지가 없었으니까 그곳 환경에 적응하면서 나름의 문화를 만들어 내며 인디언의 조상이 되었어. 사냥은 기본이고, 주변의 땅과 물에서 필요한 것을 채집하는 삶을 영위하는데, 여기서 두 가지의 상징적인 문화가 발생해. 하나는 연어, 다른 하나는 나무.

연어는 매우 중요한 식량자원이 됐는데, 봄과 여름, 가을에는 잡아서 그냥 먹으면 됐어. 문제는 겨울이야. 엄청나게 많이 잡히는 이 연어를 어떻게 하면 겨울은 물론이거니와, 오래 두고 먹을 수 있을까, 당연히 고민하게 되겠지? 그래서 얻은 지혜가 말리면 된다는 것을 알게 되었고, 그렇게 했어. 물론 연어만 먹은 건 아니야. 조개류, 고래, 물개도 먹었고, 숲에서 나는 베리포도의 일종도 채취하고, 거위, 사슴, 산양, 곰도 사냥했지.

나무도 문명을 만드는데 큰 역할을 했어. 이곳에는 굵은 참죽나무가 많았는데, 이 나무를 이용해 배를 만들었던 거야. 통참죽나무의 가운데를 파내 카누인 더그아웃dugout 을 만들었어. 이 배를 타고 무역을 하거나 먼 바다로 나가 고래잡이를 했지. 또 나무판자로 집을 지었는데, 이 나무판자에다 조각을 하고 그림을 그려 집치장을 했다고 해.

아메리카대륙 북서쪽에 살았던 가장 규모가 큰 인디언은 틀링깃족Tlingit이야. 틀링깃족은 가문 단위로 생활했는데, 다른 가문을 인정하며 엄격하게 대우하는 원칙을 가지고 있었대. 그래서 가문의 사람이 다른 가문의 누군가로부터 모욕을 당하면 모욕을 준 가문은 모욕을 받은 가문에게 벌금을 내게 했대. 지금 남동 알래스카에 틀링깃족 후손들이 살고 있어.

남서쪽에 살던 사람들

인디언들이 북서쪽에서 아래인 남서쪽으로 내려가는 건 당연하겠지. 애리조나, 뉴멕시코, 유타, 콜로라도, 네바다, 텍사스, 캘리포니아, 북멕시코 지역. 이 지역은 산세가 낮고 평평한 사막인데다, 비가 적고 건조해. 그러니 당연히 나무가 없겠지. 집 지을때 막대기나 돌, 아도비adobe, 진흙 벽돌 같은 걸로 쌓았다고 해. 이곳 사람들은 메사Mesa, 꼭대기는 평평하고 등성이는 벼랑인 언덕에 집을 지었대. 적의 공격을 막아내야 하니까. 그런데 비가 적은 탓에 농작물이 제대로 자라지 않았어. 그럼 어떻게 하지? 그렇지. 방법을 찾게 되잖아. 관개시설을 만들었어. 관개는 논이나 밭에 물을 운반할 수 있는 도랑 같은 거를 말해. 그리고 이들은 가능한 씨앗을 깊게 심었대. 땅 겉표면보다는 깊숙한 곳에 물기가 더 많으니까.

남서쪽에서 살던 대표적인 인디언은 호피족Hopi 이야. 이들은 1350년 전부터 애리조나 북동지역에서 살기 시작했는데, 대형 건물이 남아 있는 것으로 보아 푸에블로 인디언으로 추정돼. 호피족은 특히 저장문화를 개발했어. 흙으로 음식과 물을 보관할 수 있는 그릇을 만들었는데, 깨지는 것을 막기 위해 석탄불에 구웠대. 도자기를 구우면 더 강하고 단단하게 된다는 사실을 알아내고 세계 최초로 도자기를 구운 사람들이야. 대단하지?

평원에 살던 사람들

미국 지도를 보면 알겠지만, 미국 땅의 한 가운데를 대평원The Great Plains 지대라고 할 수 있어. 미국 땅을 가로로 삼등분 할 때, 그 기준이 서쪽은 로키산맥, 동쪽은 미시시피 강이야. 바로 로키산맥과 미시시피 강 사이가 대평원 지대지. 텍사스에서 북쪽 캐나다까지 펼쳐져 있어.

평원이 크다 보니, 평원이라고 해서 다 같은 환경이 아니야. 서쪽은 건조하고 동쪽은 비가 많아. 당연히 자라는 목초도 달라. 서쪽은 키가 짧고, 동쪽은 키가 크지. 그러니 동평원과 서평원의 삶도 달랐어. 비가 많은 동평원은 농사를 짓고 살았대. 이곳에는 포니족Pawnee, 오마하족Omaha이 살았어. 이들은 강가에 흙집earth lodge, 나무껍질과 풀과 흙으로 덮인 반지하식 건물을 짓고 살았대.

반면 건조한 서평원은 농사보다는 사냥 위주의 삶을 영위했지. 버펄로Buffalo, 털이 많고 등이 굽은 들소가 매우 중요한 자원이었어. 고기는 먹고, 털은 로프를 짜고, 뼈는 도구를 만들고, 꼬리는 파리채로 쓰고……. 버펄로는 어느 것 하나 버릴 게 없는 매우 유용한 동물이었어. 그런데 버펄로 가죽은 너무 뻣뻣해서 사용하기 불편하대. 지붕을 덮거나 담요, 북 같은 곳에 사용했지. 그들은 몸에 길고 뻣뻣한 가시털이 있는 호저의 가시 같은 것으로 장식했다고 해.

그러다보니 서평원의 인디언들은 자연스럽게 유목민이 되었겠지. 이들은 이동할 때 개가 끄는 썰매를 사용했는데, 썰매에 있는 큰 막대기 두 개가 천막teepee을 세울 때 아주 요긴하게 사용되었다고 해. 천막은 뭘로? 당연히 버펄로 가죽이지. 천막의 모습은 이동하면서 쉽게 설치하고 접을 수 있는 원뿔형이었고.

그런데 재미있는 사실 하나는 평원에 살던 일부 인디언들은 동과 서를 왔다 갔다 하며 살았대. 농사일이 있을 땐 농사를 짓겠지만 농사일이 없을 땐 버펄로 사냥을 다녔던 거지. 동평원에서 살다 서평원으로 강제 이주한 경우도 있어. 동평원의 미시시피 강 주변에서 농사를 짓던 라코타족Lakota이 오지브와족Ojibwa과 싸워서 지는 바람에 아예 서평원으로 강제 이주되었대. 그럼 라코타족은 서평원에서 농사를 지었을까? 아니야. 당연히 서평원의 환경에 적응하며 버펄로를 사냥하며 사는 유목민이 되었어.

이쯤에서 1800년대 '남평원의 영주'로 불리던 평원의 최강자 코만치족Comanche 얘기를 안 할 수 없지? 코만치족이 평원의 최강자가 되는데 결정적인 역할을 한 게 뭔지 알아? 바로 '말'이야. 여러분은 영어로 하면 잘 알아들으니까 영어로 할게. 'Horse'. 말은 먼 거리도 쉽고 빠르게 갈 수 있잖아. 매우 유용한 이점이 있지. 1700년대 중반까지만 해도 대평원에 사는 거의 모든 인디언들은 말을 가지고 있었대. 평원에서는 필수품이었지. 말은 1500년대 스페인 탐험가들에 의해 평원에 처음 들어왔어. 1600년대부터 말을 타며 유목민 생활을 하고 있던 코만치족 병사들이 아주 용맹스러워 다른 인디언과 싸우면 백전백승. 당연히 평원에서 가장 힘센 부족이 되었지. 그들의 부와 힘을 당할 부족이 없었기에 '남평원의 영주'라는 칭호가 붙었어. 코만치족들은 오클라호마를 중심으로 살고 있는데, 전통축제인 포우와우Pow-wow 축제로 유명해.

동부에 살던 사람들

아메리카대륙의 동부라 하면 우드랜드Woodland, 삼림지대를 말하는데, 대서양에서 미시시피 강, 또 멕시코 만에서 오대호Great Lakes에 걸쳐 뻗어 있어. 우드랜드의 천연자원이 그곳에 사는 인디언들의 삶에 결정적인 영향을 미쳤음은 당연하겠지? 온통 숲이니까 사냥이 기본. 사슴이나 곰, 토끼를 사냥했대. 아울러 그들은 자생하는 식물들로부터 먹거리를 구했는데, 오대호 근처에서는 야생 쌀을 모았다고 해.

이들은 평원의 인디언들과는 달리 버펄로 같은 단 하나의 식량에 의존하지는 않았어. 농부이기도 했어. 화전이라는 말 들어봤어? 나무가 우거진 산을 밭으로 만들 때 가장 쉬운 방법이 뭘까? 바로 불을 놓는 거야. 불을 지르면 어떻게 되겠어. 그렇지. 나무가 타겠지. 나무가 타면 뭐가 남아. 재. 그런데 그 재는 거름이 되어 땅에 심은 곡식의 자양분이 되지. 예전에 우리나라 화전민들이 이런 식으로 밭을 일구었는데, 미국 사람들이라고 해서 다를 바가 없었어. 우리와 똑 같았어. 이들은 화전을 일구어 곡식 삼남매라 불리는 옥수수, 콩, 스쿼시를 심었대.

옷은 북쪽은 추우니까 사슴가죽으로, 남쪽은 더우니까 풀 같은 걸로 짠 가벼운 것을 만들어 입었다고 해. 집은 자연환경을 최대한 활용해 지었는데, 나무 막대기와 껍질을 이용해 롱하우스Longhouse를 지었어. 비를 막아주고 햇볕을 가려주는, 지붕은 있지만 벽이 없는 집이었대.

그런데 여기에 살던 다섯 개 부족은 서로 싸우지 말고 힘을 합쳐 외세에 대항하기 위해 연맹체를 만들었어. '하우데노사우니 리그Haudenosaunee League'라고 부르는데, 모호크족Mohawk, 오네이다족Oneidas, 오논다족Onundagas, 카유가족Cayugas, 세네카족Senscas이 참여했지. 나중에 투스카로라족Tuscarora이 여섯 번째 그룹으로 참가했어. 이 리그는 각 부족의 추장들이 참여하는 회의체로 운영되었는데, 만장일치제가 특징이야. 만약 만장일치가 안 되면 만장일치가 될 때까지 논의를 계속했대. 현재 하우데노사우니족 후손들이 북아메리카에 살고 있어.

이렇게 미국 이전의 아메리카대륙에 언제, 어떻게, 어떤 사람들이 들어와 살았는지 간략하게 살펴보았어. 아쉽지? 그렇지만 미국 학교보다는 조금이나마 자세하게 해보려고 했는데 한계가 많았네. 아쉽지만 이번 시간은 여기서 마칠게.

제2강

아메리카, 세계사에 등장하다!

이번 시간은 '아메리카, 세계사에 등장하다!'라는 제목으로 강의할게. 제목을 이렇게 정한 것은 사실 그동안 미지의 세계로 남아 있던 아메리카대륙의 존재가 세상에 알려졌기 때문이야. 아메리카 인디언들이 대를 이어 수만 년의 역사를 일구어 왔었어. 하지만 아메리카 밖에서는 그 존재를 거의 몰랐지. 베링기아에 물이 차면서 아메리카대륙이 다른 대륙과 연결되던 고리가 끊어졌고, 그 결과 사람의 왕래가 불가능해졌어. 고립되었기 때문이야. 그러다가 항해술이 발달하면서 배편으로 유럽 사람들이 발을 들여놓게 되어 바깥세상과 다시 소통을 시작하게 되었어. 이를 테면, 아메리카가 바깥세상과 교류하며 세계사의 한 페이지를 장식하게 된 거야. 아메리카대륙의 세계사 등장은 동방의 향신료나 금과 은을 찾아 나선 유럽 덕택이랄 수 있지. 그래서 강의 제목을 이렇게 정했어.

탐험의 시대

아메리카대륙이 어떻게 세계 역사의 무대에 등장할 수 있었을까? 986년 바이킹노르만족의 후예인 빨강머리 에리크Erik가 그린란드Greenland를 발견했어. 그린란드는 사실 그린란드라기보단 그레이란드Grayland에 가까웠는데, 사람들이 살러 오지 않을 것 같아서 '녹색 땅Greenland'이라 이름 붙였다나. 그린란드라 하면 사람이 살기 좋은 곳이라는 뉘앙스가 강하게 풍기잖아. 아무튼 이때부터 노르만족이 아메리카대륙에 살기 시작했어. 에리크의 아들 리프 에릭슨Liev Eriksson도 1001년쯤 아메리카 동쪽 해안에 와서 1년 정도 포도밭을 가꾸다가 돌아갔어. 그래서 포도가 있는 땅이란 의미에서 '빈랜드Vineland'라는 이름도 붙였다지.

이때는 탐험의 시대였어. 마르코 폴로Marco Polo, 1254~1324 알지?《동방견문록》하면 자동으로 연상 되는 사람. 1271년 이탈리아 베니스에서 3명의 상인이 중국으로 무역여행을 떠나. 니콜로 폴로Nicolo Polo와 동생 마페오 폴로Maffeo Polo, 아들 마르코 폴로, 이렇게 셋이서. 열일곱 살이었던 마르코 폴로가 바로 그 유명한 마르코 폴로야. 아버지 니콜로 폴로는 마르코 폴로가 열다섯 살 될 때까지 중국에 머물렀던 적이 있었대. 이들은 중국 원元나라에 갔는데, 쿠빌라이 칸Khubilai Khan, 1215~1294의 요청이 있기도 했고, 로마 가톨릭 선교사들을 데려가기 위해서였어. 그런데 이들은 17년 간 원나라에 머무르면서 수도 베이징은 물론 중국의 여러 지역과 몽고, 버마, 베트남까지 여행했어. 그러다 1295년에 베네치아로 돌아와. 그리고 마르코 폴로는 제노바 해전에 참전했다가 포로로 잡혀 1년간 감옥 생활을 하게 돼. 이때 그가 동료들에게 아시아의 재미있는 이야기를 들려주지. 이 얘길 작가 루스티켈로Rustichello가 받아 적어서 책으로 남기는데, 그게 그 유명한《동방견문록》이야.

여기서 미국 교과서에 없는 얘기 하나 할까? 중국 역사학자들이《동방견문록》의 신빙성을 의심했대. 그래서 마르코 폴로가 다녔던 지역을 일일이 답사해 보고는 와보지 않고 썼을 가능성이 크다고 주장했다지. 아무튼 이 책은 유럽인들로 하여금 동방에 대한 관심을 불러일으키게 하는데 결정적인 역할을 했어.

중국 사람도 세계 탐험에 나서지. 마르코 폴로가 중국을 방문한 지 100년이 지난 뒤 정화鄭和, 1371~1433 장군이 나서. 정화 장군은 '중국의 콜럼버스'로 추앙받는 인물이야. 그의 선조는 서역에서 이주해온 이슬람교도였어. 무공을 세우고 정鄭씨 성을 하사받았대. 그는 남동아시아와 아프리카 동부 연안에 이르는 30여 개국을 항해하면서 금·은과 상품을 맞바꾸는 교역을 했어.

700년대에 힘을 키운 서아프리카의 가나에 무슬림이 많은데, 역시 교역 때문이야. 가나는 금이 많이 났지만 소금이 없었대. 이 재에 눈 밝은 아랍 상인들이 카라반caravan에 소금을 가득 싣고 세계 최대 사막인 사하라를 가로질러 가나로 가서 금과 바꾸면서 자신들의 종교인 이슬람도 전파했던 거야.

유럽의 새로운 생각

14, 15세기 동안 유럽에 아주 중요한 변화가 일어나. 르네상스 Renaissance. 르네상스는 학문 또는 예술의 부활을 의미하는데, 고대 그리스와 로마 문화를 이상으로 여겨 이 문화들을 다시 부흥시키자는 운동이었어. 이때 유럽은 기술적인 측면에서도 비약적인 발전을 거듭하고 있었는데, 특히 인쇄술이 발명되지. 인쇄술은 빠르고 쉽게 많은 복제물 제작이 가능하게 했어. 인쇄기가 발명되기 전에 책을 복제하려면 손으로 베끼는 수밖에 없었잖아. 인쇄기는 책과 사상이 유럽을 가로질러 전 세계로 확산되는데 결정적인 역할을 하였어.

미국 학교 교과서에 없는 우스갯소리 하나. 성직자들이 인쇄술의 발달을 가장 싫어했대. 성직자들을 비하하려는 의도가 아니니까 오해하지 말길. 이유는 성경 같은 것이 대량 인쇄되어 일반 신도에게까지 보급되면 그동안 성직자들이 독점하던 성경 지식을 더 이상 자신의 전매특허로 사용할 수 없게 되니까.

당시 유럽에서는 중국의 실크와 향신료가 인기 많았대. 실크는 매우 가늘게 짠 옷감으로 유럽 귀족들에겐 부의 상징이었어. 향신료 역시 고기 냄새를 없애줄 뿐만 아니라 밋밋한 고기 맛에 풍미를 더해주는 것이었기에 역시 귀족들에게는, 시쳇말로 환장하는 물품이었지. 이 물품들은 중국이나 인도 등 아시아에서 났어. 이때 톡톡히 재미를 본 사람들이 유럽과 아시아 사이에 있는 이슬람 상인들이었어. 그러자 이들 품목의 교역에 관심 많은 유럽인들이 실크로드Silk road보다 빠른 뱃길을 찾아 무작정 항해에 나서지. 실크로드가 뭔지는 조금 있다 설명할게. 그런데 마침 중세시대인 이때 역사를 바꾼 3대 발명품이 등장해. 항해술, 나침반, 화약. 이 발명품이 탐험에 절대적인 영향을 미친 것은 당연하겠지? 당시 유럽인은 북아프리카인들이 고대로부터 사용해온 아스트롤라베astrolabe라 불리는 항법 도구를 사용하고 있었는데, 이 발명품으로 보다 쉽고 정확한 항해가 가능해졌던 거거든.

아시아로 가는 해상루트

유럽인들은 아시아로 가는 새로운 루트만 발견한다면 더 많은 돈을 벌 수 있을 거라고 믿고 있었어. 아시아는 유럽 사람들에게 없어서 못 팔 실크나 향신료, 후추 같은 것이 있는 땅이잖아. 그런데 아시아로 가는 길은 멀고도 험했지. 실크로드가 거의 유일한 길이었어. 중앙아시아를 경유하는 동서무역로인 실크로드가 뭔지 알지? 중국 장안에서 시리아 안티옥으로 연결되는 육상 교역로야. 고대 페르시아 시절부터 동방의 물건이 서역으로 들어가기 시작하면서 실크로드가 열렸는데, 동방과 서방의 교류를 활성화시켜 문명교류에 크게 기여하지. 그러다 오스만제국이 동방의 길을 장악해 막음으로써 유명무실해졌어.

그런데 아시아로 가는 해상루트가 실크로드보다 수천 마일이나 더 멀었지만 시간은 훨씬 덜 걸렸어. 해상루트를 발견한 나라는 실크로드를 이용하는 나라보다 더 많은 상품을 교역할 수 있었지. 그러자 너도나도 해상루트 발견에 관심 갖기 시작했어.

아시아로 가는 해상루트를 최초로 발견한 나라는 포르투갈이었어. 포르투갈은 유럽의 작은 나라이지만 대서양과 맞닿아 있어서 항해사들이 출발하기에는 더 없이 좋은 조건을 갖고 있었어. 엔리케D. Henrique, 1394~1460 왕자는 아예 항해술을 가르치는 학교를 세우고, 카라벨caravel, 삼각돛을 단 범선까지 만들 만큼 적극적이었지. 포르투갈 항해사들은 이 배를 이용하여 아시아로 가는 새로운 항로를 개척했어. 그때 포르투갈 항해사들은 그저 아프리카 남쪽으로 항해했대. 서쪽으로 갈 생각은 아예 엄두도 못 내고 남쪽으로 가면 되겠지 하는 생각만 했던 거지. 그들이 아프리카로 간 것은 노예무역 때문이었어. 포르투갈 무역업자들은 아프리카인들을 붙잡아 유럽에 노예로 팔아 돈을 벌었거든. 이 노예무역은 나중에 세계의 역사를 바꿔놓는 일대 사건으로 변모되지. 아메리카대륙에 엄청난 숫자가 팔려나가는 비극.

어쨌든 이 와중에 1487년 바톨로뮤 디아스Bartolomeu Dias, 1450~1500는 풍랑으로 배가 코스를 이탈하는 바람에 생각지도 않게 서아프리카 연안을 탐험하다 아프리카 남쪽 끝을 항해했다는 사실을 알게 됐어. 아프리카 남쪽 끝이라면 거길 돌아 동쪽으로 항해하면 어디로 갈까? 그들이 그토록 가고 싶어 하는 인도가 있는 아시아지. 당시에는 '폭풍의 곳Cape of Storms'으로 불렸는데, 1497년 포르투갈 왕 주앙 2세John Ⅱ, 1455~1495가 '희망봉The Cape of Good Hope'으로 이름을 바꿨다고 하네.

희망봉이 발견되었어도 인도로 가는 바닷길은 좀처럼 열리지 않았어. 그러다 1498년 7월 8일 포르투갈 사람 바스코 다 가마Vasco da Gama, 1469~1524가 배 4척을 끌고 리스본 항을 출발해. 다 가마는 디아스의 조언대로 아프리카 서남쪽에 있는 시에라레온Sierra Leone 앞바다에서 대서양 서쪽으로 크게 우회하는 방법으로 희망봉을 돌아 아프리카 대륙 동해안을 따라 북상하고, 인도양을 건너 인도의 캘리컷calicut, 현 코지코드에 도착하지. 다 가마가 인도항로를 개척한 최초의 포르투갈 항해사가 된 거야.

콜럼버스, 서쪽으로 항해하다

당시 서유럽 국가들은 '팽창과 발견의 시대'를 맞이하고 있었어. 북대서양을 끼고 있는 유럽은 해외에서 새로운 땅과 물자를 얻기 위해 탐험대와 무역선을 경쟁적으로 보내기 시작하지. 소위 개나소나 다 인도행에 나서. 선두주자는 스페인과 포르투갈.

미국 학교에서 위대한 인물로 가르치는 이가 이때 혜성처럼 등장하지. 크리스토퍼 콜럼버스Christopher Columbus, 1451~1506. 그래도 콜럼버스니까 좀 길게 설명할게. 1451년 이탈리아 제노바

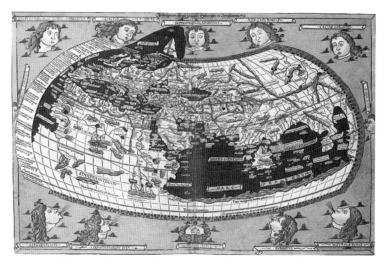

콜럼버스 항해지도 콜럼버스가 항해에 이용했다고 전해지는 지도.

근처에서 양모 직공의 맏아들로 태어난 콜럼버스는 1477년 리스본에 나타날 때까지의 행적은 거의 알려지지 않았어. 스물다섯 살 때 그는 타고 있던 제노바 상선이 프랑스와 포르투갈 해적선에 받쳐 침몰하자 바다에 떠 있는 노를 잡고 수영을 하여 기적적으로 살아났대. 장인이 선장이어서 바다 지도 제작하는 일에 종사하며 항해술을 배웠다는 그는 이탈리아 수학자이자 천문학자인 토스카넬리Paolo Toscanelli dal Pozzo, 1397~1482에게서 인도로가는 새 항로에 대해 사사 받았어. 토스카넬리는 지구는 둥글므로 대서양 서쪽으로 계속 항해하면 인도로 갈 수 있다고 믿는 사람이었는데, 콜럼버스를 포르투갈 왕에게 르네상스시대의 해양개척에 선도적 역할을 할 인물이라며 추천까지 하지.

1484년부터 콜럼버스는 동생과 함께 본격적으로 후원자를 찾기 시작해. 포르투갈 왕 주앙 2세에게 후원을 요청하였다가 거절당하자 스페인으로 건너가 이사벨 여왕Isabel, 1451~1504에게 담대한 항해 계획을 설명하지. 처음에는 역시 거절당해. 계획이 너무 모호하다는 게 이유였어. 그래도 콜럼버스는 좌절하지 않고 영국, 프랑스, 포르투갈에 다시 요청하기도 하다 1492년에 마침내 뜻을 이뤄. 해외 진출에 관심이 많던 이사벨 여왕이 국내문제그라나다 병합가 어느 정도 마무리 되자 콜럼버스를 후원하기로 했던 것. 소위 계약서를 작성하는데, 이 계약을 '산타페Santa Fe 계약'이라고 해. 계약내용은, "콜럼버스는 발견한 땅의 총독으로 임명되며, 이 직책과 특권은 자손에게 전승한다"는 것이었어.

　1492년 8월 3일, 콜럼버스는 니냐Nina 호, 핀타Pinta 호, 그리고 산타마리아Santa Maria 호 등 세 척의 배에 120명의 승무원을 태우고서 힘차게 스페인 팔로스 항을 출발했어. 이 항해가 얼마나 걸릴지 또 어디로 가는지는 아무도 알지 못했지. 다만 대서양의 서쪽으로 항해하면 인도에 닿겠지 하는 생각뿐이었어. 그러나 있을 거라던 육지는 보이지 않고 가도 가도 끝 없는 바다만 보일 뿐. 항해단이 점점 지쳐가고 있을 즈음인 10월 12일, 핀타 호 선원 로드리고 데 트리아나Rodrigo de Triana가 소리쳤어. "티에라Tierra는 육지란 뜻! 티에라!" 선상 폭동이 일어나기 직전일 만큼 힘들 때 육지가 보였으니 그 감격은 이루 다 말로 표현할 수 없었으리라. 배는 콜럼버스가 산살바도르San Salvador라 이름 붙인 카리브 해의 한 섬에 도착해. 이 섬은 현재 멕시코 동쪽에 있는 바하마제도Bahamas Islands야. 콜럼버스는 이곳이 아시아라고 생각했어. 그래서 그 섬의 이름도 서인도제도West Indies라고 붙였어. 거기에서 살고 있는 사람들을 '인도사람'이란 의미에서 스페인말로 '인디오Indio'라고 했지. 영어로 하면 인디언Indian. 이들은 뜻하지 않게 졸지에 인도사람인디언이 된 거야.

대서양 서쪽을 항해해서 인도(?)에 무사히 갔다 온 콜럼버스는 당시 유럽에서 인기 짱. '콜럼버스 항해'란 말이 유럽에 널리 퍼질 정도였으니까. 이 일을 계기로 유럽의 통치자들은 앞 다투어 탐험가들을 '가상 인도', 즉 아메리카로 보내.

1500년 페드로 알바레즈 카브랄Pedro Alvarez Cabral이 남아메리카 동쪽을 탐험하여 포르투갈령으로 삼아. 이때 아메리고 베스푸치Amerigo Vespucci도 남아메리카를 탐험하는데, 어째 이름이 좀 착 달라붙지? 맞아. 그가 바로 콜럼버스가 인도라고 착각한 신대륙의 이름이 '아메리카'로 불리게 한 장본인이야. 이탈리아 출신 항해사였던 그는 남아메리카와 카리브로 여러 차례 항해했었는데, 그와 동행했던 이가 기행문을 남겼어. 그런데 독일의 지도제작자였던 마르틴 발트제뮐러Martin Waldseemüller가 어찌하다 그 기행문을 읽었고, 지도를 수정할 때 그게 기억나서 신대륙의 이름을 그냥 '아메리카'로 써넣었다나 뭐라나.

또 1513년 스페인 탐험가 바스코 누네즈 드 발보아Vasco Nunez de Balboa는 파나마와 중앙아메리카를 항해하다 태평양에 도착하기도 했었지. 그런데 콜럼버스는 그만의 방법으로 아메리카대륙을 발견한 것은 아니야. 서쪽으로 가면 인도가 나온다는 얘기를 믿고 과감하게 실행에 옮긴 거지. 발상을 전환하여 이룬 성공. 그것을 바로 '콜럼버스 달걀 세우기'라고 해.

마젤란, 세계를 일주하다

여기서 우리는 또 한 명의 걸출한 항해사를 만나야 해. 페르디난드 마젤란Ferdinand Magellan, 1480~1521. 당시 포르투갈과 스페인은 해상무역의 패권을 놓고 치열하게 대결하고 있었지. 먼저 승리한 쪽은 포르투갈. 엔리케 왕자의 후원으로 아프리카 최남단 희망봉을 찾았고, 동시에 인도항로를 발견했잖아. 그렇다고 스페인도 손 놓고 있었던 건 아니지. 콜럼버스가 '인도(?)'를 발견했잖아. 이렇게 대결 스코어가 일 대 일의 상황에서 스페인이 한 발 앞서 나가게 돼. 바로 마젤란이 사상 최초로 세계일주에 성공하거든. 마젤란은 포르투갈 사람이야. 그런데 왜 스페인 공적이 되지? 스페인에서 후원했기 때문이야. 마젤란은 포르투갈 왕실에 수차례 원정 후원을 요청하지만 번번이 거절당해. 계속 거절당하면 나 같은 의지박약아는 내 팔자가 아닌가보다 하고 포기하기 십상이지만 마젤란은 달랐어. 그는 이웃 나라 스페인을 찾아가 후원을 요청했어. 혹시 마젤란을 고국을 버린 변절자라 비난할 사람이 있을지 모르겠는데, 당시에는 다른 나라의 후원을 받아 탐험에 나서는 경우가 많았어. 콜럼버스만 해도 이탈리아 사람이지만 스페인 후원으로 갔잖아. 여하튼 마젤란은 과감한 생각을 가지고 항해에 나서지. 서쪽으로 가서 남아메리카로 돌고, 태평양을 가로지르고, 인도양을 지나 아프리카 희망봉을 돌아 아프리카 연안을 따라 북상하면 결국 스페인으로 되돌아올 수 있다, 이렇게 생각했지. 지구본을 돌리면서 이 여정을 한 번 그려봐. 기막히게 딱 맞아.

　1519년 10월, 마젤란은 5척의 배에 250명의 선원을 싣고 스페인을 출발해. 4개월 만인 12월 13일에 아메리카대륙, 오늘날 브라질 연안에 도착. 그런데 남쪽 우회 항로를 찾았으나 헛수고. 그러자 선원들의 불만은 폭발 직전. 해서 마젤란은 선원들의 불만도 잠재울 겸 곧 닥칠 겨울을 남반구에서 보내기 위해 1520년 3월 31일 아르헨티나 연안에 닻을 내렸어. 10월 21일 다시 닻을 올린 마젤란은 남아메리카를 돌아 무사히 넓고 깊고 잔잔한 바다에 진입해. 이 바다는 여느 바다와 달리 평화롭다고 하여 마젤란이 이름 붙였다는 '태평양Pacific sea'. 마젤란은 태평양을 가로질러 계속 서쪽으로 항해했지. 그러나 3개월이 넘도록 육지를 보지 못했어. 그 과정에서 마젤란은 기아와 질병으로 많은 선원들을 잃게 되지. 마젤란 일행이 아시아 연안인 필리핀 섬에 도착한 것은 1521년 3월 16일이었어. 애초 5척이었던 배는 오직 한 척만 살아남았지. 필리핀에 도착한 마젤란이 식량을 얻는 한편 원주민들을 무리하게 기독교로 개종시키는 과정에서 분쟁이 일어나는데, 이 원주민 간의 분쟁에 잘못 끼어들었다가 1521년 4월 27일 살해당해. 이후 마젤란 일행은 1522년 10월에 다시 스페인으로 돌아오는데, 250명 중 단지 18명만이 살아남았대. 배에는 비싼 향신료가 실려 있었어. 마젤란은 죽었지만 서쪽으로 가면 아시아가 나온다는 콜럼버스의 주장이 옳다는 것을 증명한 쾌거였지. 역사는 그들을 최초로 배로 세계일주한 사람들이라고 기록했어.

자, 미국 교과서에 없는 것 하나. 마젤란에 대한 평가 얘기를 해보자. 마젤란은 위대한 탐험가인가, 아니면 침략자인가? 이 물음에 유럽에서는 실제 인색한 평가를 하긴 하지만 세계일주를 한 쾌거로 받아들이지. 반면 필리핀 입장에서는 침략자이지. 그들이 상륙했던 필리핀 막탄 섬에 가면 마젤란 기념비와 그를 죽인 라푸라푸Lapu Lapu, 1491~1542년 동상이 앞뒤로 서 있어. 둘 다 기릴 만하기에 세웠을 터인데, 한 사람은 침략자이고, 다른 한 사람은 침략자를 죽인 사람. 그러나 이들이 기리는 이유는 마젤란은 기독교를 전해준 공로이고, 라푸라푸는 침략자를 죽인 공로라나. 역사의 장난치고는 좀 얄궂다는 생각이 들지. 어떤 입장에 서느냐에 따라 역사의 평가가 어떻게 달라질 수 있는지를 극명하게 보여주는 예야.

여기서 상식도 하나. '콜럼버스 교환The Columbian Exchange'이 뭔지 알아보자. 콜럼버스와 이주민들은 말, 소, 돼지, 밀, 보리, 사탕수수 등을 아메리카로 가져왔어. 콜럼버스가 아메리카로 가져오기 전에는 그곳에 없었던 것들이야. 콜럼버스는 또 반대로 유럽에 없던 옥수수, 땅콩, 감자, 토마토, 카카오, 후추, 콩, 스쿼시 같은 식물들을 가지고 스페인으로 돌아갔어. 이처럼 콜럼버스 교환은 서반구와 동반구 간에 식물, 문화, 인구노예 포함는 물론 전염병과 사상까지 극적으로 폭넓게 교환하는 것을 의미해.

유럽의 아메리카 정복

유럽 탐험가들이 긴 항해 끝에 도착한 아메리카대륙은 사실 신대륙이 아니라 그동안 모르던 미지의 땅이었을 뿐이야. 그곳에도 사람들이 살고 있었거든. 첫 시간에 살펴본 인디언들 있잖아.

그런데 문제는 바깥에서 들어온 유럽인들의 자세는 정복자 그 이상도 그 이하도 아니었다는 점이야. 이들이 집을 짓거나 농사 지을 땅을 구하기 위해서는 이미 터를 잡고 살고 있는 인디언들의 적극적인 협조가 필요했지. 그런데 유럽이주민들은 땅을 빌리거나 사거나 할 생각이 없었어. 그냥 빼앗으면 된다고 생각했지. 아메리카는 정복의 대상일 뿐이었어. 비극은 여기서 시작됐어.

앞에서 설명했던 아스텍의 테노치티틀란의 운명 기억하지? 신으로 착각해 환대까지 했지만 결국 정복자가 된 에르난 코르테스. 금을 찾아 아스텍에 왔다 지배자가 된 코르테스는 1535년에 멕시코를 뉴스페인이라 이름 짓고 식민지로 삼지. 1530년대 정복자 프란시스코 피사로Francisco Pizarro는 남아메리카의 강력한 잉카제국을 패배시키기도 하지. 아스텍이나 잉카뿐만 아니라 멕시코 위의 북아메리카도 탐험 대상에서 예외는 아니었어.

미국 땅에 도착한 최초의 정복자는 후안 폰세 데 레온Juan Ponce de Leon. 스페인 탐험가인 그는 콜럼버스와 동행하여 신대륙에 온 인물이었어. 유럽인으로서는 최초로 플로리다까지 항해했다는 점 때문에 미국역사에서 중요하게 다뤄. 전설에 따르면, 그는 자신의 성 불능을 치유하고 젊음을 되찾기 위해 상상 속의 요단 강, 즉 '젊음의 샘Fountain of youth'을 찾다가 플로리다를 발견했대. 하지만 회춘분수는 찾지 못했다나. 다만 현재 플로리다에는 그의 이름을 딴 '폰세 데 레온 스프링Ponce de Leon Spring'이 설치돼 있는데, 이를 보러오는 관광객들의 발길이 끊이지 않고 있다고 해. 그는 이 땅을 '꽃들의 열정' 또는 '하느님의 열정'이라는 의미로 '라 파스쿠아 플로리다La Pascua Florida'라 이름 지었어.

1539년 스페인 탐험가 에르난도 데 소토Hernando de Soto가 조지아에 도착했는데, 그곳에서부터 아메리카의 남동지역을 여행하지. 데 소토는 미시시피 강에 도착한 최초의 유럽 탐험가야. 하지만 데 소토는 북아메리카에서 어떤 정착도 이루어내지 못한 채 죽었어. 그렇다고 물러설 스페인이 아니지. 그 이듬해인 1540년

에 스페인은 프란시스코 바스케스 데 코로나도Francisco Vasquez
de Coronado라 이름 붙여진 탐험가를 또 파견해. 그 역시 큰 기대
를 걸고 북아메리카에 와서 전설로 들었던 금의 도시를 찾아다
니지만 찾지 못했어. 다만 북아메리카의 지리와 사람들에 대해서
는 많은 것을 알게 되는 망외의 소득을 거두지.

뉴스페인의 성장

앞에서 1535년 스페인이 멕시코의 아스텍 제국을 정복하여 식
민지 '뉴스페인'을 만들었다고 얘기했었지? 식민지가 되면 어떻
게 돼? 지배자와 피지배자의 관계. 우리도 일본의 식민 지배를 당
한 적이 있기에 그 아픔을 잘 알잖아. 어쨌든, 식민지 땅에 들어온
지배자들은 타운을 만들고 농토를 일구면서 금이나 은 같은 가치
있는 광물질을 가져가기 위한 '수탈경제'를 본격 가동하기 시작
하지. 이렇게 되면 더 많은 사람들이 필요하게 되고, 따라서 스페
인 정부의 관리나 군인, 이주민, 성직자 들이 속속 식민지로 들어
와. 특히 스페인 통치자들은 가톨릭을 전파하기 위해 미션Mission
이라 불리는 전도단을 파견했어.
그런데 북아메리카 땅을 요구한 나라가 스페인만이 아니라는
점이 이 땅의 향후 운명을 상징해. 영국이나 프랑스, 독일, 그리
고 심지어 러시아까지 북아메리카 땅을 넘봤어. 그러니 식민지를

건설해 한바탕 '수탈'해 볼 요량으로 심기일전하고 있는 스페인으로서는 마음이 불편했지. 그래서 스페인은 다른 나라들이 땅을 요구하지 못하도록 하기 위해 프리시디오presidios라 불리는 요새를 건설해. 그리고 1565년 인도 함대 사령관을 지낸 바 있는 스페인 정복자 페드로 메넨데스 데 아빌레스Don Pedro Menendez de Aviles, 1519~1574가 11척의 배에 2,000명의 이주민들을 거느리고 플로리다의 세인트 오거스틴Saint Augustine 만에 상륙했어. 프랑스로부터 위협을 받는 플로리다 해안의 전략적 요충지를 지키기 위해서였지. 세인트 오거스틴은 유럽인들에 의해 건설된 미국에서 가장 오래된 도시야. 어쨌든 이들은 북쪽 연안을 따라 조지아로 가는 길가에 이주를 시작해. 스페인은 또한 사우스웨스트 지역에도 이주촌을 건설하는데, 1598년 후안 데 오냐떼Juan De Onate가 이주민과 군인, 성직자 들을 이주시켰어. 그리고 1610년 산타페가 뉴스페인의 수도가 되지.

스페인 정복자들은 영내에 자체적인 타운과 교회를 가지고 있는 대규모 농장 아세엔다hacienda를 만들었는데, 문제는 여기에서 일할 사람이 많이 필요하다는 점이었어. 당연히 지배를 받는 인디언들이 그 첫 번째 대상. 인디언들은 강제노역에다 임금조차 받지 못하는 경우가 허다했고, 심지어 과로로 죽기까지 하지. 상황이 이렇게 되니 어쩌겠어. 농사는 지어야 하고 사람은 없고, 그럼 대체할 사람을 찾기 마련인데, 눈 씻고 봐도 인디언은 거의 전멸하다시피 했어. 이들이 결국 생각해낸 것이 아프리카 노예들.

당시 많은 아프리카인들이 카리브 해 지역의 스페인 사탕수수농장에서 강제노역을 하고 있었거든. 이거다 싶었던 거지. 이런 필요에 의해 아프리카 사람들이 아메리카대륙으로 건너오게 돼. 이 문제는 나중에 자세히 짚어볼게.

유럽의 대대적 아메리카 이주

콜럼버스가 아메리카대륙에 첫발을 들여놓은 이후 유럽 사람들의 아메리카에 대한 동경은 좋은 의미에서든 나쁜 의미에서든 엄청났어. 스페인 다음으로 많은 사람이 이주한 독일의 경우 30년 전쟁1618~1648, 독일을 무대로 벌어진 신·구교 간의 전쟁의 후유증으로 심한 몸살을 앓고 있었지. 전쟁, 페스트, 굶주림으로 전체 인구의 4분의 1인 400만 명이 죽었을 정도였어. 유럽의 다른 나라들도 사정이 이와 크게 다르지 않아. 그래서 요즘 말로 아메리칸드림을 실현하기 위해 아메리카행 배에 올랐던 거야.

그런데 영국은 아메리카대륙으로의 진출이 큰 성과를 거두지 못하고 있었어. 1497년 이탈리아 탐험가인 존 캐벗John Cabot, 1450?~1498?이 영국 왕의 후원을 받아 대서양 서쪽을 항해하여 캐나다에 도착하지. 한몫 단단히 챙길 것으로 잔뜩 기대를 걸었던 그는 실크나 향신료는커녕 개미 한 마리조차 얼씬거리지 않자 실망이 컸어. 대신 그는 캐나다 연안에서 풍부한 어장을 발견해. 영국으로 돌아가서 자신이 발견한 어장에 대해 얘기하자 유럽의 고깃배들이 다시 이 지역으로 항해를 시작했지. 이후 사람들이 북아메리카로 통하는 새로운 해상 통로를 찾기 위해 노력한 결과 북극과 가까운 '북서통로Northwest Passage'를 찾아냈어.

프랑스도 북아메리카 탐험에 나섰어. 1524년 프랑스는 북서통로를 찾기 위해 이탈리아 출신 선장인 지오반니 다 베란자노 Giovanni da Verrazano를 파견하였는데, 그는 북아메리카 동쪽 연안을 샅샅이 뒤졌어. 그리고 약 10년 후 쟈크 카르티에Jacques Cartier가 캐나다에 있는 세인트로렌스 강 멀리까지 항해했고, 1608년에 샤무엘 드 샹플랭Samuel de Champlain이 세인트로렌스 강에서 모피 교역 지점을 발견하기도 했어. 샹플랭은 이곳을 인디언 말로 '강이 좁게 흐르는 지역'이란 의미의 '케벡kebec'에서 따와 '퀘벡Quebec'이라 불렀어.

네덜란드 역시 북서통로를 찾기를 원했지. 1609년 네덜란드 무역회사는 영국인 선장 헨리 허드슨Henry Hudson을 고용하여 탐사를 시켰는데, 그는 오늘날 뉴욕의 허드슨 강을 항해해. 그리고 허드슨 지역을 식민지로 삼지.

하지만 여전히 아메리카대륙에서 강자는 스페인이었어. 스페인 배들은 식민지에서 수탈한 보물들을 대서양을 통해 운반했는데, 이를 보고만 있자니 배가 아픈 영국 배들이 슬슬 행동을 시작해. 영국 배들이 스페인 배를 공격하여 보물을 빼앗았던 거야. 영국 선장 프랜시스 드레이크Francis Drake는 수차례 스페인 배를 공격하여 금과 은을 빼앗아 엘리자베스 여왕에게 갖다 바쳤어. 그러자 스페인의 펠리프 2세Felipe Ⅱ, 1527~1598 왕이 발끈했어. 그렇잖아도 종교개혁 당시 가톨릭교회로부터 빠져나와 자체의 교회성공회, Anglican Domain를 만든 영국에 대해 못마땅해 하고 있던 차, 이참에 영국을 혼내줄 요량이었어. 펠리프 2세는 전함 127척, 수병 8,000명, 육군 1만 9,000명, 대포 2,000문을 가진 대함대, 즉 무적함대Spanish Armada를 만들고, 메디나 시도니아Medina Sidonia 공작을 사령관으로 임명했어. 명분은 영국 배의 스페인 배 공격 중지와 영국의 가톨릭 국가로의 복귀. 무적함대는 1588년 5월 28일 포르투갈 리스본 항을 호기롭게 출발해. 그런데 영국이라고 이런 스페인의 움직임에 둔감했을 리 있나. 영국은 스페인의 침입에 철저히 대비하고 있었어. 영국 연안 저 멀리 모습을 드러낸 스페인 무적함대는 영국의 공격으로 침몰되지. 전쟁에서 이긴 자는 어떻게 돼? 뻔하지. 스페인 무적함대 격퇴 후 영국은 아메리카에서 더 많은 땅을 할애 받는 새로운 권력자로 등장했어.

이렇게 아메리카대륙은 인디언들의 의사와는 무관하게 주인이 아닌 객들이 주인 행세하는, 이른바 주객전도가 일어나기 시작해. 이런 사실을 기억하고, 오늘 강의는 여기까지.

제3강

영국, 13개 식민지를 개척하다!

스페인의 무적함대도 격파했겠다, 뭐 영국으로서는 거리낄 게 없게 됐지. 이런 상황을 감안하여 이번 시간은 영국이 아메리카대륙에 본격적으로 발을 들여놓는 역사를 살펴보려고 해. 강의 제목은 '영국, 13개 식민지를 개척하다!'야.

1492년 콜럼버스가 신대륙을 발견할 즈음 유럽에서는 르네상스 운동이 일어나. 이 운동의 여파는 종교계로 튀어 종교개혁이 일어나게 했어. 당시 가톨릭교회가 상당히 부패했었거든. 면죄부 Indulgentia를 판매하여 엄청난 부를 축적하는 등 일반 신도들의 상식으로는 도저히 납득이 안가는 일들이 일어났어. 면죄부가 뭔지는 알지? 돈만 내면 죄를 없애주는 거. 이때 이런 상황에 대해 비판이 일기 시작하는데, 그 대표적인 것은 누가 뭐래도 마틴 루터Martin Luther의 반박문이지. 루터는 모금함에 돈 들어가는 소리가 천국의 문 여는 소리가 되었느냐고 힐난할 정도로 강하게 비판하면서 성직자들의 죄상을 낱낱이 고발하는 95개조의 반박문

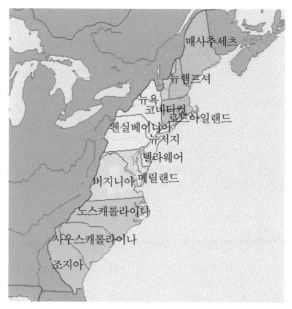

13개 식민지 지도 북아메리카에 설치된 영국의 13개 식민지.

을 써서 교회 정문에 붙여놓았어. 그의 반박문은 복사되어 순식간에 사람들에게 전달되었고, 인쇄술 발명 덕택에 대량으로 인쇄되어 전 세계로 퍼져나갔어. 그러자 서유럽에서는 존 캘빈John Calvin이 주도하는 캘빈주의가, 영국에서는 국교Anglicanism가 만들어지지. 이들 개혁파들을 프로테스탄트Protestant라 불러. '저항하다'는 의미의 'Protest'에서 비롯된 말이야.

이때 영국이 아메리카 동부 해안을 따라 13개 식민지를 건설하는데, 이는 종교개혁과 무관하지 않아. 종교개혁을 주장하는 사람들에 대한 탄압이 일어나자 이들이 종교의 자유를 찾아 나섰던 것이지. 영국의 13개 식민지 개척의 역사를 크게 뉴잉글랜드뉴햄프셔, 매사추세츠, 로드아일랜드, 코네티컷, **중부**뉴욕, 뉴저지, 펜실베이니아, 델라웨어, **남부**메릴랜드, 버지니아, 노스캐롤라이나, 사우스캐롤라이나, 조지아 등 세 지역으로 나눠서 살펴볼게.

뉴잉글랜드 지역

잃어버린 식민지 로어노크

스페인의 무적함대를 물리친 영국의 통치자들과 상인들은 북아메리카에 식민지를 건설하길 강력하게 바랐어. 스페인처럼 식민지에서 금과 은을 발견하길 기대했던 거지.

첫 번째 이주는 1585년 100여 명의 영국인들이 노스캐롤라이나 연안에 있는 로어노크Roanoke 섬에 상륙하면서 시작돼. 하지만 그들이 도착한 곳은 농사를 지을 수 없는 모래땅이었어. 결국 정착하지 못하고 대부분이 영국으로 돌아가. 그런데 1587년 다시 로어노크 이주를 시도해. 존 화이트John White, ?~1593년(?)라는 사람이 이주민들을 이끌고 오는데, 도착 직후 그는 공급품을 가지러 다시 영국으로 돌아갔어. 그리고 3년이 지난 후에 와보니 그곳에는 아무도 없었어. 흔적조차 발견할 수 없었지. 로어노크의 '잃어버린 식민지'는 지금도 미스터리로 남아 있어.

제임스타운

스페인에 밀려 식민지 건설에 별로 성과를 못 내던 영국은 새로운 시도를 했어. 지금까지와는 달리 가족이 함께 가고, 또 그 일을 회사가 떠맡도록 했던 거야. 1606년 영국 왕 제임스 1세James I, 1566~1625는 칙령을 내려 북아메리카 식민지 건설을 담당할 버지니아 회사의 설립을 허가했어. 획기적인 발상의 전환이었지. 배나 식량, 생활용품 구입 등 이주에 필요한 비용을 투자받는 형식으로 자금을 모을 수 있도록 한 거야. 투자자들은 요즘식으로 말하면 주주. 이렇게 자금을 모은 버지니아 회사는 1607년 약 100명의 남자와 소년들을 모집해 버지니아로 이주시켜 식민지 건설을 시작해. 식민지 이름은 제임스 1세의 이름을 딴 '제임스타운Jamestown'.

그런데 식민지에서의 삶은 만만치 않았대. 땅이 습한 데다 물도 마시기에 적합하지 않았고, 곤충들이 질병을 옮겼어. 더욱이 대부분이 농사라곤 전혀 지어보지 못한 '신사'들이었지. 몇 개월새 식량이 떨어지고 배고픔과 질병으로 절반이 죽었어. 그래서 그들은 농사 대신 금을 찾아다녀. 유럽인들의 금사랑은 알아주잖아. 그러자 제임스타운의 명령권을 갖고 있는 자치위원장 존 스미스John Smith가 "일하지 않는 자 먹지도 마라"면서 농사를 지으라고 명령을 내려. 하지만 '기아의 시대'로 알려진 이 무렵 겨울에 이주민의 대부분이 죽었다고 하네.

1612년 버지니아 회사의 세 번째 보급선단 '시 벤처 호Sea

Venture'를 타고 아내와 어린 자녀를 데리고 제임스타운에 온 사람이 있었어. 존 롤프John Rolfe, 1585~1622. 그는 토착 인디언으로부터 덥고 습한 버지니아에서는 담배가 잘 자란다는 얘기를 듣게 돼. 그가 담배 재배를 시도한 것은 당연한 수순이겠지. 성공적이었어. 담배는 당시 영국에서 폭발적인 인기를 끌던 품목이었거든. 그는 영국에 담배를 팔아 큰 수입을 올렸고, 그 돈으로 영국으로부터 필요한 식량과 공급품을 사왔어. 그럼 어떻게 되겠어? 그렇지. 안정된 생활을 영위할 수 있게 되었지.

　1619년 최초로 아프리카인들이 제임스타운에 도착했어. 그들은 정식으로 계약한 노예들이었어. 계약노예란 북아메리카로 항해하는 비용을 수년간 일하여 갚는다는 데에 동의한 노예야.

　한편 제임스타운의 자치위원장 존 스미스와 그곳에 살던 인디언인 포우하탄족Powhatan과의 관계 또한 우리가 반드시 기억해야 할 미국역사야. 제임스타운에는 막강한 힘을 가진 인디언이 살고 있었어. 포우하탄족. 이들은 평화롭게 교류하기를 원해서 이주민영국인들에게 식량을 주었고, 영국인들은 이들에게 유럽 상품들을 주었어. 아름답게 상품을 교환하면서 서로 우호적인 관계를 만들어가고 있었지. 그런데 포우하탄족이 다른 인디언 부족과 싸우게 되자 이주민들에게 도움을 요청했어. 하지만 이주민들은 기꺼이 도우려 하지 않았어. 그러면서도 식량은 달라고 해. 포우하탄족 역시 당연히 거절했지. 그러자 영국인들이 그들을 공격해. 포우하탄족도 영국인들에 맞섰지. 이 갈등이 봉

합되고 평화가 온 것은 1614년 존 롤프가 포우하탄족 추장의 딸 포카혼타스Pocahontas, 1595~1617와 결혼하면서부터야. 그러나 평화는 오래 지속되지 못했어. 영국 사람들이 더 많은 땅을 가지려고 했기 때문이야. 이 얘기는 디즈니에서 애니메이션으로 제작돼 인기 끌었었지. 1995년에 나온《포카혼타스》. 어릴 때 봤지?

매사추세츠

버지니아 식민지 회사에는 두 개가 있었어. 런던 회사는 제임스타운을 건설하는 등 실적을 올리는 반면 미국과 캐나다 국경 사이 지역에 식민지 건설을 허가받았던 플리머스 회사는 이렇다 할 성과를 내지 못하고 있었어. 그러자 식민지 건설이 종교 전파에 도움이 된다고 판단한 청교도 실업집단인 머천트 어드벤처러스Merchant Adventurers가 플리머스 회사를 인수해. 그리고 필그림Pilgrim들을 파견해 플리머스 식민지를 건설하지.

필그림 파더스Pilgrim Fathers, 1620년 매사추세츠 플리머스에 처음 이주한 청교도들가 식민지로 이주한 것은 교회 때문이었어. 당시 영국 사람들은 모두 법에 따라 영국 교회에 소속돼야 했는데, 필그림 파더스는 믿음이 달라서 행복하지 않았어. 이들은 영국 교회로부터 탈퇴하거나 분리하여 자신의 교회를 만들었는데, 바로 정교 분리주의자Seperatist로 알려지게 되지. 이 분리주의자들의 한 작은 그룹이 1600년대 초 종교의 자유를 찾아 네덜란드로 가게 되는데, 스스로를 '필그림'이라고 불렀어. 필그림이란 종교적 이유로 오랜 시간 유랑하는 사람을 뜻한대. 이들은 네덜란드에서 종교적 신념은 실천할 수 있었지만 다른 신념의 소유자들과 함께 사는 것이 영 불편했어. 아이들이 네덜란드 관습을 배우는 것도 못마땅했어. 그래서 그들은 북아메리카에 새로운 종교 공동체를 만들기로 한 거지. 플리머스 버지니아 회사는 이 필그림들이 버지니아 식민지에 이주하는 것을 허락했던 거고.

1620년 필그림은 남자와 여자, 아이들을 비롯한 비신도 등 모두 100여 명이 메이플라워호Mayflower를 타고 대서양을 가로질러 항해를 시작했어. 항해도중 폭풍을 만나 항로를 이탈하는 바람에 버지니아 대신 매사추세츠 연안에 닻을 내리게 돼. 그런데 이게 외려 더 자유롭게 되었어. 매사추세츠는 버지니아 회사의 관할권역을 벗어나는 지역이었거든.

그런데 이들은 항해도중 정착하는 과정에서 함께 타고 온 비신도들과의 분쟁을 우려해 일종의 계약을 맺었어. 그게 바로 '메이플라워 서약'이야. '보편적 이익을 위해 모든 사람들은 지도자의 결정에 따른다'는 것이 주요골자이지. 이 서약은 비록 초보적이긴 하지만 신대륙에서 최초로 만들어진 헌법 같은 것이었어.

메이플라워 서약 분쟁을 막기 위해 지도자의 결정에 따르기로 서명하는 장면.

케이프코드Cape Cod에 상륙한 필그림은 이주민촌을 세우고, 이름을 영국의 플리머스Plymouth를 따서 플리머스라고 짓지. 이들은 11월에 도착한 탓에 추위와 배고픔의 이중고 속에 절반의 동료를 잃으면서 첫 겨울을 견뎌 내.

다음 해 봄, 스콴토Squanto라 불리는 한 인디언이 필그림을 방문해. 스콴토는 유럽을 갔다 온 적이 있고 영어를 할 줄 아는 사람이었어. 그가 다리를 놓아 플리머스의 윌리엄 브래드포드William Bradford 총독과 왐파노아그Wampanoag의 매사소이트Massasoit 추장은 서로 평화롭게 살기로 합의했지. 스콴토는 필그림에게 옥수수나 펌프킨, 콩 농사를 짓는 방법과 고기잡이, 사냥을 가르쳤어. 그리하여 식민지는 1621년 가을까지 성공적으로 잘 정착했지. 필그림은 첫 수확을 하고 신에게 감사하는 축제를 열었어. 필그림과 왐파노아그가 함께 어울려 사흘간 열렸던 이 축제가 바로 매년 11월 국가공휴일로 기리는 추수감사절이 된 거야.

한편 또 하나의 종교집단이 북아메리카로 오기로 결정됐어. 청교도Puritan가 그들이야. 청교도는 영국 교회의 교리에 동의하지 않는 또 다른 종교 그룹이야. 그들은 필그림과 달리 교회에서 분리되는 것을 원하지는 않았지만 교회로부터 자유로워지고 싶어했어. 근면, 절약, 검소한 생활을 추구하는 그들은 1629년 영국 정부로부터 식민지 건설 허가장을 받아내는데 성공해. 허가장에는 '매사추세츠 베이Massachusetts Bay' 식민지 설립과 그곳의 통치 권한을 인정한다고 되어 있었어. 이로써 아메리카에 독립적인 사회 건설이 가능하게 된 거지. 이 새 식민지의 최초의 총독은 변호사였던 존 윈스럽John Winthrop이었어. 그는 신대륙에 영국인들도 바라볼 위대한 '언덕 위의 도시A city upon a hill'를 건설하자고 외쳤어.

이들은 필그림과는 달리 북아메리카 이주 준비를 아주 꼼꼼하게 했어. 다양한 기술을 가진 사람들을 선발하고, 농사지을 충분한 시간을 갖기 위해 3월에 항해를 시작하는 등 주도면밀하게 결행했지. 이렇게 이들은 1630년 6월 플리머스의 살렘Salem에 도착했어. 그들은 곧 몇 마일 남쪽의 보스턴으로 이동해 이민촌을 건설하고, '매사추세츠 베이 식민지'라고 이름을 붙이지. 청교도들은 성경의 가르침대로 따르면서 하나님을 섬기는 공동체를 만들었어. 그리고 독립적인 사회 건설권까지 부여받은 터여서 아예 매사추세츠 베이 식민지 정부를 구성해. 남성 신도만이 투표하고 식민지 정부에서 봉사할 수 있도록 했어. 차별적이긴 하지만 자치권을 행사했다는 점에서 미국역사에 던지는 의미

【미국예외주의】
미국이 다른 나라와는 다른 특별한 나라라는 의미를 담고 있는 미국예외주의는 프랑스 사상가 토크빌의 책 『미국 민주주의』에서 미국과 러시아가 세계 운명을 떠안을 예외적 위치에 있다고 주장한데서 비롯됐지. 특히 청교도들이 '언덕 위의 교회'를 건설하면서 내세웠던 자유, 인권, 민주주의를 발전시킬 소명을 갖고 있는 사상이라고 할 수 있어..

가 매우 크지. 물론 영국에서의 경험을 살려 자연스럽게 했다손 치더라도 오늘날 의회처럼 규칙을 만들기 위해 대표들을 투표로 선출했어. 신앙에 대한 이런 특권의식에서 미국예외주의American Exceptionalism가 나왔다고 볼 수 있어.

로드아일랜드 식민지

그런데 이 예외주의가 청교도들이야 별로 문제 삼지 않지만 다른 종교를 갖고 있거나 종교가 없는 사람들에게는 불만요소가 됐어. 이들이 서로 '성도Christian saint'라고 부르며 일체감을 드러냈는데, 자유정신에 보다 투철한 사람들에게는 이런 규칙들이 불편할 수밖에 없었던 거야. 이런 상황이니 로저 윌리엄스Roger Williams, 1603~1683 같은 사람은 미운털이 박혔지. 보다 많은 종교적 자유를 갈망하던 그는 정부가 종교에 관한 법률을 제정하지

말아야 한다고 주장했어. 정부와 교회의 분리를 주장하는 민주주의 사상의 소유자였어. 아울러 그는 인디언의 토지에 대한 권리도 없다고 주장했지. 그러니 그가 매사추세츠 청교도 공동체에서 어떤 대접을 받았겠어. 절대로 가까이 해서는 안 될 사람. 그래서 어떻게 되지? 매사추세츠에서 추방당해.

로저 윌리엄스는 새로운 자유의 땅을 찾다가 1636년 로드아일랜드Rhode Island를 발견했어. 여기에 고무된 그는 영국으로 건너가서 1644년 식민지 건설 허가를 받아내고, 스스로 최초의 로드아일랜드 총독이 되지. 그곳에서는 식민지 정부와 교회가 분리되어 완전한 종교 자유를 누릴 수 있었어. 그 이후 로드아일랜드는 각 종파에 대한 관용 정책을 실시하고 있어서 종교적 피압박자들의 피난처가 됐대.

또 다른 청교도 지도자 앤 허치슨Anne Hutchinson도 관심을 가져야 할 인물이야. 독실한 청교도 목사의 딸로 태어난 그녀 역시 영국에서 청교도와 마찰을 빚어서 아메리카로 이주한 여성이야. 그녀 역시 매사추세츠 청교도들로부터 비판을 받았는데, 남녀가 모여 종교 토론을 하는 것을 금지하였음에도 집에서 집회를 열었기 때문이었어. 그리하여 그녀 역시 로저 윌리엄스처럼 추방되는데, 로드아일랜드로 가지.

그런데 앤 허치슨의 행동이 오늘날 세계 최고를 자랑하는 하버드 대학의 설립 배경이 되었다는 사실, 미국 교과서에는 안 나오는 얘기야. 앤은 종교 문제도 문제려니와 원주민들과의 전쟁을 반대하고, 집총을 거부하는 등 과격한 주장을 하여 결국 재판에 회부됐어. 이 재판에서 앤은 논리적이고 과감한 주장으로 청교도 지도자와 판사 들을 곤경에 빠뜨려. 그러자 청교도 지도자들은 이런 종교 질서를 어지럽히는 행동이 다시는 일어나지 않도록 하기 위해서는 지도자를 양성해야 한다며 하버드대학을 세웠대. 요즘은 페미니스트 운운하며 앤 같은 지도자를 오히려 양성하는 것이 당연한 것으로 여겨지는데, 그 반대라니, 웃기지?

땅을 둘러싼 갈등

뉴잉글랜드 식민지들이 아무도 살지 않는 곳에 설치되었냐 하면 그렇지는 않아. 인디언들이 조상 대대로 살아오고 있는 땅이었지. 그래서 땅을 놓고 인디언과 분쟁이 일어나. 이주민과 인디언 사이에는 땅에 대한 개념 차이가 엄청 컸어. 인디언은 땅은 누구도 소유할 수 없는 그러나 사용하고 싶은 사람 누구나 사용할 수 있는 거라고 생각한 반면 이주민들은 소유해야 한다고 생각했어. 그래서 인디언은 땅을 파는 것은 땅을 공유하는 것으로 여겼지. 그런데 땅을 산 사람이 즉시 그 땅에서 나가라고 하니 어떻게 되겠어. 싸움이 일어날 수밖에.

이주민과 인디언 사이의 땅을 둘러싼 갈등 가운데 대표적인 사례가 '피쿼트 전쟁Pequot War'이야. 1634년에서 1638년까지 4년에 걸쳐 진행되는데, 600명의 피쿼트 부족원 중 500명이 죽은 다음에야 끝나. 피쿼트 전쟁 이후 보다 많은 이주민들이 뉴잉글

【필립 왕】
필립 왕은 왐파노아그(Wampanoag) 부족의 마사소이트 추장의 둘째 아들로 인디언 이름은 메타콤. 그는 인디언 이름을 버리고 영국식 이름인 '필립(Philip)'으로 바꿨다고 해. 그런데 이주민들이 보기에 그가 오만하고 당당하게 구는 것이 마치 왕처럼 보인다고 해서 '필립 왕'으로 불렸대.

랜드 인디언 속으로 이동하는데, 왐파노아그Wampanoag 부족의 메타콤 Metacomet 족장 역시 전쟁과 타협의 딜레마에 빠져 있었어. 하지만 부족이 모두 그 땅에서 살려면 싸울 수밖에 없다고 보고 메타콤은 1675년 매사추세츠 타운을 공격해. 이 전쟁을 '필립 왕의 전쟁King Philip's War'이라고 불러. 결국 메타콤의 패배. 전쟁이 끝난 후 이주민들은 인디언들을 죽이거나 노예화했지.

네덜란드와 프랑스 식민지

네덜란드나 프랑스도 북아메리카에서 경쟁적으로 식민지 건설에 나서. 네덜란드부터 볼까. 네덜란드 동인도회사의 청탁으로 항로 개척에 나섰던 헨리 허드슨Henry Hudson, 1550?~1611. 그는 허드슨 강을 발견했던 인연을 앞세워 허드슨 강 하구에 네덜란드 식민지를 만들고 뉴네덜란드라 불렀지. 네덜란드 식민지는 사실상 모피 무역의 전초기지였어. 1626년 뉴네덜란드 피터 미뉴이트Peter Minuit 총독은 맨헤이트Manhate 인디언으로부터 뉴욕의 맨해튼 섬을 사서 그 남단에 뉴암스테르담New Amsterdam을 건설하거든. 미뉴이트는 델라웨어Delaware 강가에 스웨덴 식민지도 세웠는데, 뉴스웨덴은 17년간 지속되다가 1655년 뉴암스테르담에 정복돼.

그런데 네덜란드 서인도회사는 이주를 원하는 네덜란드 사람들이 거의 없자 다른 나라에서 이주민을 찾았어. 어느 나라 출신이든 종교가 무엇이든 상관하지 않고 누구든 환영했어. 당시 뉴암스테르담에서 18개 언어가 사용될 정도였다니 알만하지.

뉴욕 얘기를 안 할 수 없지? 뉴네덜란드 총독인 피터 스타이베산트Peter Stuyvesant, 1612~1672는 아주 거친 사람이었어. 이주민들을 화나게 하는 법을 만들만큼 독단적인 인물이었지. 1664년 영국 배가 뉴암스테르담을 공격하기 위해 입항하자 뉴암스테르담 이주민들이 영국과 싸우길 거부할 만큼 스타이베산트와 함께하는 것을 불행으로 여길 정도였으니까. 그 결과 뉴네덜란드는 영국 식민지가 되었지. 영국은 요크York 공작을 기리기 위해 뉴암스테르담의 이름을 뉴욕New York이라고 지었어.

프랑스는 이때 캐나다에 식민지 뉴프랑스를 개척했는데, 날씨가 너무 추워 농사를 짓지는 못하고 모피 교역을 하거나 물고기를 잡았어. 주로 퀘벡의 모피무역포스트 근처에 살았어. 그곳 숲에는 비버, 여우, 수달 같은 두꺼운 털을 가진 동물들이 많았어. 모피무역업자들은 인디언들과 모피 거래를 위해 뉴프랑스를 샅샅이 누볐지. 인디언 부족들은 올가미를 씌워 잡은 동물들과 프랑스인들의 구슬, 도구, 냄비, 칼, 옷 같은 물건들과 교환했어.

뉴프랑스의 선교사 자크 마케트Jacques Marquette가 선교단을 조직하여 1673년 카누를 타고 미시시피 강을 따라 내려가면서 선교활동을 해. 탐험가인 루이 졸리에Louis Jolliet가 합류하였는데, 졸리에는 미시시피 강이 태평양으로 흐를 것이라고 생각하는 사람이었어. 로버트 라살Robert La Salle 또한 1682년 이 지역을 탐험하는데, 그는 미시시피 강과 그 주변 모든 땅을 프랑스에 줄 것을 요구하지. 라살은 이 광활한 지역을 왕 루이 14세의 이름을 따서 루이지애나라 이름 지었어.

중부 식민지

뉴욕과 뉴저지

남쪽 버지니아와 매사추세츠 사이에 위치한 중부지역 역시 유럽의 식민지 건설 각축장이 되었어. 이곳에는 이미 영국과 핀란드, 네덜란드에서 온 이주민과 모피상인 들이 살고 있었어. 특히 모피 무역을 하는 네덜란드 상인들이 스페인과 경쟁하면서 이곳에 정착했고, 네덜란드 서인도회사가 맨해튼 섬을 사들여 뉴암스테르담을 건설한 바 있음은 앞에서 설명했지? 네덜란드 서인도회사는 유럽의 많은 나라들로부터 이주민들을 모집했어. 그런데 1650년대 네덜란드와 영국이 무역 경쟁을 벌이는 과정에서 영국은 1664년 요크York 공작인 제임스 2세를 위하여 뉴네덜란드에 군함 1척을 보내. 사실 영국 왕 찰스 2세가 자신의 동생인 요크공에게 네덜란드의 권리를 무시하고 가지라고 한 거였거든. 이후 어떻게 뉴욕이 됐는지는 앞에서 설명했지?

그리고 허드슨 강과 델라웨어 강 사이의 땅은 요크 공이 두 친구인 존 버클리John berkeley와 조지 카터렛George Carteret에게 주는데, 버클리와 카터렛은 이 땅을 두 개의 식민지로 나눠 각각 이스트저지East Jersey, 웨스트저지West Jersey로 이름 붙여서 갖고 있다가 1702년 둘을 합쳐 뉴저지New Jersey라 하지.

뉴욕과 뉴저지 경영자들의 생각은 오직 하나. 식민지에서 돈을 많이 벌길 원했어. 그래서 잔머리 굴려 기름진 땅을 작은 조각으로 나눠서 농사를 지으려는 이주민들에게 팔거나 빌려주었지. 그런데 문제는 이들 식민지 경영자들이 영국에 살고 있다는 점이었어. 영국에서 멀리 있는 뉴저지의 재산을 관리하기가 쉽지 않잖아. 그래서 어떻게 하지? 영국에서 파견하는 것보다 현지에서 선택하는 것이 더 효율적이라는 생각에서 현지 사람을 그곳 책임지배자로 뽑아. 이렇게 뽑힌 각 총독들은 중요한 결정을 도와주는 소규모의 자문 그룹을 두는 한편 의회에 보낼 대표representative를 투표로 뽑았어. 결국 총독과 의회는 자치정부로 나아가는 단초가 됐지.

펜실베이니아, 델라웨어, 그리고 필라델피아

뉴욕 주와 버지니아 주 사이에서 뉴저지와 서쪽 경계를 이루는 펜실베이니아에도 매우 중요한 식민지가 건설돼. 이곳은 플리머스처럼 종교적 이상향으로 건설되었다는 점에서 눈길을 끄는데,

미국 민주주의의 발전 역사에서 매우 중요한 역할을 한다는 점에서 더 큰 의미가 있어.

펜실베이니아 식민지는 윌리엄 펜William Penn, 1644~1718이라는 한 퀘이커 교도의 아이디어에서 비롯됐어. 당시 영국 청교도 중에는 퀘이커교도들 즉 '우인회The Society of Friends'라는 분파가 있었는데, 알다시피 이들은 모든 크리스천은 자신의 방법으로 자유롭게 하나님을 숭배하여야만 한다고 믿는 사람들이야. 퀘이커교도들은 이런 생각 때문에 영국 청교도들로부터 심하게 탄압받았지. 어떤 퀘이커 교도는 감옥에 갇히기도 하고 심지어 살해당하기까지 했어. 퀘이커교도들은 모든 크리스천들이 평화롭게 함께 살 수 있는 뭔가를 만들면 좋겠다고 바랐어. 이때 윌리엄 펜이라는 한 젊은이에 의해 꿈이 실현되지.

자메이카를 정복한 윌리엄 펜 경의 아들로 옥스퍼드대학을 나온 펜은 1667년 스물세 살에 퀘이커교도가 되었는데, 독실한 영국 국교 신봉자였던 아버지와 큰 갈등을 빚었어. 부자지간의 인연을 끊을 정도였거든. 수차례 감옥을 가기도 했지. 하지만 아버지는 임종 때 그를 용서하고 많은 재산을 물려줘. 그런데 그 유산 중에 요크 공에게 빌려준 1만 6천 파운드 상당의 채권이 들어 있었어. 요크 공은 앞에서 설명했듯 뉴저지 경영권을 가지고 있는 찰스 2세의 동생이잖아. 이런 상황에서 요크 공은 펜에게 빚 대신 자신이 경영하고 있는 뉴저지 식민지의 일부를 떼어줬어. 거기다 왕인 형에게 말해 퀘이커교도를 대거 이주시켜 식민지를 건설할 수 있는 허가장까지 받아줬지. 그래서 펜은 어른 남자 1명 당 50에이커의 땅은 무상으로 주고, 200에이커는 에이커 당 1페 니에 임대한다는 파격적인 조건으로 이주민을 모집하였는데, 순 식간에 수천 명의 희망자가 몰렸대.

1682년 펜은 퀘이커교도들과 함께 웰컴호Welcome를 타고 북 아메리카에 있는 자신의 땅, 요크 공으로부터 받은 땅으로 왔어. '나무의 숲'이라는 뜻의 '실베니아Sylvania'에다 아버지 윌리엄 펜 경을 기리는 의미에서 가족의 성인 '펜Penn'을 붙여 '펜실베이니 아Pennsylvania'로 이름 붙여진 땅. 여하튼 이렇게 약속의 땅으로 온 펜과 이주민들은 물을 만난 물고기였어. 시쳇말로 무슨 짓을 하든 상관할 사람이 아무도 없었지. 그들은 자신들의 생각을 자 유롭게 말하고 숭배할 수 있도록 허용하는 법을 만들었고, 뉴욕 과 뉴저지처럼 이주민들이 직접 의회에 나갈 대표를 선거하도록 했어. 대의정부를 만들게 했던 거지.

한편 펜과 퀘이커교도들은 존경심을 갖고 인디언들을 대했대. 그들의 문화를 이해하려고 노력했고, 평등하게 살기를 원했어. 펜은 다른 식민지 경영자들과 달리 무력 대신 평화 협상을 통해 인디언으로부터 땅을 사들였대. 델라웨어Delaware나 레니 레너피 Lenni Lenape 인디언들과 공정한 협정을 맺었던 사실이 이 같은 그 의 입장을 입증해주고 있어.

또한 펜은 미국인들의 자부심을 느끼게 하는 업적을 남기는데, 그건 식민지 최초의 대규모 도시인 필라델피아 건설이 아닐까 싶어. 1636년 스웨덴 이주민들이 최초의 백인 타운을 만든 바 있는 델라웨어Delaware 강변 구릉지에 거대도시 건설 계획을 세운 거야. 필라델피아의 위치는 펜이 직접 골랐대. 도시 이름 필라델피아Philadelphia는 그리스어로 '우애'라는 뜻을 가지고 있는데, 그래서 사람들은 필라델피아를 '우애의 도시'라고 부르지.

1700년대에 펠라델피아는 무역의 중심지로, 또 모든 식민지 중에 가장 큰 도시가 되면서, 나중에 알아보겠지만, 독립혁명과 산업혁명의 중심지가 되었고, 초기 연방정부가 들어서는 등 미국 역사의 중심지가 된단다.

남부 식민지

버지니아 식민지

엘리자베스 1세 영국 여왕이 처녀여서 식민지 이름을 '버지니아Virginia'로 했다는 땅, 버지니아로 가보자. 버지니아는 북아메리카에서 최초로 영원한 영국 식민지가 된 곳이야. 앞에서 살펴본 1607년 버지니아 회사가 건설한 '제임스타운Jamestown' 식민지 기억나지? 애초에 사람들이 버지니아에 온 것은 금 때문이었어. 금을 찾아서 왔는데, 연안지대의 기름진 토양에서 농작물이 잘 자란다는 사실을 발견하고는 대대적으로 농사를 짓기 시작하지. 담배와 쌀이 주 작물이었어. 그 결과 대규모 농장이란 의미를 가진 플랜테이션Plantation 농업으로 발전해. 그런데 턱없이 부족한 일손 때문에 골머리를 앓았어. 농장주들은 여러 방안을 강구하는데, 계약 하인이나 아프리카 노예를 사용하게 되지. 당시 플랜테이션들이 얕은 연안지대를 점령함에 따라 새로 온 이민자들은 버지니아를 비롯한 남부의 시골벽지에 정착해. 이 과정에서 보다 많은 농토를 얻기 위해 이주민들은 포우하탄 인디언이 살았던 지역으로 이동하면서 싸우게 되지. 많은 이민자와 인디언 들이 죽었어.

여하튼 버지니아가 성장해감에 따라 이주민들은 식민지 법률을 만들 때 자신들의 목소리를 내길 원했지. 그들은 1619년에 식민지 최초로 주의회를 설립했어. 주의회는 법을 만들거나 바꿀 수 있는 권한을 가진 그룹으로 선출의원burgesses이어서 하원House of Burgesses이라고 불렀어. 그런데 이주민들이 주의회 의원을 직접 선출했지만 재산을 가진 농장주나 백인 남성에게만 투표권이나 선거권을 주는 차등선거였지. 그리고 하원의 거의 모든 멤버들은 영국 교회, 즉 성공회 신도들이었어. 그러니 당연히 성공회가 득세하기 마련이었지. 1632년 하원은 아예 성공회를 버지니아의 공식 교회로 만들었어. 그러자 청교도, 퀘이커, 성공회 신도가 아닌 사람은 식민지를 떠나야만 했지.

1632년에서 1732년까지 영국 이민자들은 남부의 메릴랜드, 노스캐롤라이나, 사우스캐롤라이나, 조지아에 정책해.

메릴랜드 식민지는 1632년 찰스 1세 영국 왕이 북아메리카를 세실리우스 캘버트Cecilius Calvert에게 주면서 시작되지. 가톨릭이었던 캘버트는 볼티모어 경Lord Baltimore으로 알려진 인물이야. 영국에서 가톨릭은 청교도, 퀘이커와 함께 종교적 신념 때문에 박해를 받는 대상이었지. 그래서 캘버트는 메릴랜드를 가톨릭의 피난처로 만들길 바랐어. 1649년 메릴랜드 정부가 똘레랑스법을 통과시켰는데, 이 법은 북아메리카의 모든 크리스천에게 신앙의 자유를 약속한 최초의 법이 되었지.

1600년대 후반 버지니아 남쪽 땅은 영국, 프랑스, 스페인의 각축장이었는데, 캐롤라이나는 그때 영국이 그곳에 세운 식민지야. 이주민들이 처음으로 남부 지역에 쌀 플랜테이션을 세우지.

1732년 영국 왕 조지 2세가 사우스캐롤라이나에서 프랑스와 스페인을 쫓아내고 건설한 조지아는 영국의 법률가이자 군 장교인 제임스 오글소프James Oglethorpe가 주동이 되어 만들어지는데, 조지George 왕의 이름을 따 조지아Georgia로 이름 짓지. 오글소프는 조지아가 가난한 사람이나 빚쟁이들이 편안하게 지낼 수 있는 곳이 되길 원했어. 그래서 그는 그들에게 조지아로 맘대로 여행할 수 있도록 허용했고 작은 농장을 제공했어. 1733년 오글소프는 최초의 조지아 이민자 그룹을 받아들였고, 촉토족Choctaws, 체로키족Cherokees, 크리크족Creek과 친밀한 관계를 발전시키며 교역했지.

아프리카 노예 아프리카에서 붙들려 죽음의 행진을 하는 노예들.

아프리카 노예

아프리카 노예들은 상상하기 어려울 만큼 처참한 생활을 했어. 1600년대 초, 계약된 노예들이 플랜테이션의 고된 일 상당부분을 감당했대. 그렇지만 플랜테이션의 숫자가 증가함에 따라 계약 노예로 이 모든 플랜테이션을 운영하기가 사실상 불가능하자 대안으로 노예화된 아프리카인들을 사용하기 시작했지. 엄청난 수의 아프리카인들이 북아메리카로 팔려왔어.

원시적인 농경과 수렵을 하던 암흑의 대륙 아프리카가 유럽 사람들에게 알려진 것은 15~16세기 포르투갈 사람들의 본격적인 탐험의 결과야. 그런데 유럽에서 아메리카대륙으로 건너온 이주민들은 우선 필요한 일손을 가까운 곳에 있는 인디언에게서 찾지만 학살과 천연두 같은 전염병으로 절대다수가 죽음으로써 일손 부족은 더욱 심해지지. 그래서 이주민들은 자연스럽게 시선을 아프리카로 돌리는데, 마구잡이라는 말이 맞을 만큼 무차별적으로 아프리카인들을 잡아다가 아메리카대륙에 노예로 파는 일이 일어났어. 노예무역 초창기에는 그래도 아메리카로 가는 배 삯을 대신하여 노동력을 제공하는 식의 계약 노예였으나 나중에는 인간과 구별되는 말 그대로 '노예'로 취급했지.

아프리카 노예들은 배에 실려 중간항로Middle Passage, 아프리카 서해안에서 대서양을 가로질러 카리브 해 지역까지 가는 항로를 따라 아메리카대륙으로 가는 동안부터 사람대접을 못 받아. 목에 쇠사슬이 묶이고 먹을 것도 죽지 않을 만큼만 줬대. 그들은 사고파는 재산이었어. 덥거나 추워도 무조건 아침에서 밤까지 일했고, 감독은 조금도 게으름을 피우지 못하도록 세차게 때리거나 벌을 주었어. 노예들이 그렇게 열심히 일했음에도 불구하고 그들에게 제공되는 음식과 옷 그리고 쉼터는 형편없어서 초기에는 많은 사람들이 죽었지. 또 농장주들은 노예들이 저항하거나 도망치는 것을 방지하기 위해 법과 벌을 사용했대. 많은 사람들이 무거운 쇠사슬을 찼고, 허락 없이 플랜테이션을 떠날 수 없었어.

그런 가운데 거친 삶에서도 살아남기 위해 노예화된 아프리카인들은 서로 매우 가깝게 결속했지. 그들은 대가족과 같은 공동체를 만들었어. 그들의 또 다른 힘의 원천은 종교. 많은 노예들은 기독교를 믿었어. 그러면서 그들은 기독교적 믿음과 아프리카의 음악적 전통을 혼합하여 보다 강력한 영가Spiritual, 아프리카계미국인의 종교적 민속 음악를 만들었고, 아프리카 악기에 기반해 밴조banjo라는 악기를 개발하기도 했고, 아프리카 언어나 영어로부터 파생한 걸러어Gullah를 만들어 사용하기도 했지.

자, 이렇게 북아메리카에 13개의 영국 식민지가 건설되었어. 좀 지루했지? 아주 세세한 부분까지 건드리면 너무 길어지고 또 미국역사를 전공하는 사람이 아니라면 개괄적인 배경과 흐름만 이해하면 된다는 생각에서 간략하게 한다고 했는데도 이 정도였어. 세계 최강 미국의 역사가 본격 출발하는 얘기여서 아무래도 살펴봐야 할 것들이 많았기 때문이었어. 다음 시간에 만나.

제4강

아메리카, 혁명에 빠지다!

영국의 13개 식민지가 만들어지면서 북아메리카는 이전과는 전혀 다른 새로운 시대를 맞았어. 이주민들 대부분이 본국이랄 수 있는 영국에 대한 불만 때문에 목숨 걸고 대서양을 건너왔다는 점을 생각해보면, 이들은 당연히 영국에 호의적이지 않았지. 반감을 갖고 있을 수밖에.

그렇지만 영국은 식민지라는 이유로 이곳에 영향력을 강하게 행사하려고 했거든. 그러자 북아메리카 식민지는 영국과의 새로운 관계 설정이 필요하다는 공감대가 형성되었어. 이게 결국 북아메리카에 '미국'이라는 나라가 만들어지는 단초가 되었어. 그래서 이번 시간은 '아메리카, 혁명에 빠지다!'라는 제목으로 강의하려고 해. 혁명이란 말이 암시하듯 아메리카는 격동의 순간을 향해 다가가고 있었어.

혁명의 불씨, 베이컨의 반란

북아메리카에 건설된 13개 식민지들은 저마다 새로운 환경에 적응하면서 잘 정착하고 있었지. 그런데 본국인 영국의 입장이 식민지 허가장을 내줄 때와는 사뭇 달라지기 시작했어. 왜? 유럽의 다른 나라들과 전쟁하느라 돈이 많이 필요한데다가 왕권도 강화하고 싶었거든. 하지만 이 문제를 영국 국내에서 해결하기엔 국민들의 불만이 너무 컸던 거야. 그러니 어쩌겠어. 눈을 밖으로 돌릴 수밖에 없었지. 그 대상이 바로 아메리카의 13개 식민지였어. 영국은 13개 식민지 중 8개를 왕령식민지로 만들면서 식민지에 대한 간섭을 강화하기 시작해. 사실 식민지들은 영국의 지원 없이 스스로 갖은 고생을 해서 개척했는데, 본국이랍시고 도움은 커녕 간섭이나 하려 드니까 좋아들 했겠어.

1651년에 항해조례Navigation Act가 제정됐어. 영국이나 식민지의 상품을 수출입할 경우 반드시 영국 선박으로 수송하도록 규정한 조례야. 그때 네덜란드가 해운업계에 막강한 영향력을 발휘하고 있었지. 그래서 영국은 네덜란드를 견제할 수 있는 방법이 뭐가 있을까 고민하다 이런 조례를 생각해 낸 거야. 네덜란드를 배제하고 영국의 해운과 무역을 늘릴 목적이었지. 이게 나중에 '영국-네덜란드 전쟁'의 한 원인이 되지만, 결과적으로는 항해조례가 영국 해운업 성장에 크게 도움을 준 것만은 틀림없어.

이렇게 되자 식민지들은 죽을 맛이었어. 무역을 맘대로 할 수 없잖아. 특히 버지니아 담배농장주들에겐 치명타였어. 영국 배의 수송량은 한정되어 있고, 또 경쟁이 없는 영국 배들은 당연히 수송비를 많이 올리고. 그러니 원가 상승으로 유럽으로의 담배 수출이 타격을 입을 수밖에 없었지. 일부에서 서인도제도와 밀무역을 하는 등 자구책을 마련하였지만 이마저 영국 정부가 가만두지 않았어. 상황이 이렇게 되자 식민지인들의 인내심이 임계점을 넘을 수밖에. 버지니아에서 일어난 '베이컨의 반란Bacon's rebellion'이 대표적인 사례지.

당시 버지니아 식민지인들은 이중고에 시달리고 있었어. 이건 어디까지나 식민지인 입장에서 이 사건을 들여다본 거야. 담배 풍작과 더불어 항해조례로 담배 판매에 어려움이 많았는데, 인디언들까지 자꾸 공격해왔어. 그러자 대농장주였던 너대니얼 베이컨Nathaniel Bacon이 민병대를 조직하여 인디언과 맞서 싸우지. 그러면서 식민지 당국에 대책을 요구했어. 그러나 버지니아의 영국 총독 윌리엄 버클리William Berkeley는 모르쇠로 일관해. 그런데다가 총독의 미온적 태도는 인디언과 비밀리에 모피 무역을 하고 있기 때문이라는 소문까지 돌았어. 상황이 이렇게 되자 베이컨은 공격의 화살을 총독에게로 돌렸지. 반란으로 바뀐 거야. 총독 집을 불태우고, 의회로 하여금 프런티어에게 유리한 법안을 제정하도록 강요하는 등 버지니아를 완전히 장악했어.

하지만 베이컨의 지배는 오래 가지 못했어. 베이컨이 곧 열병으로 사망했기 때문이야. 이 사건을 계기로 영국 정부가 유화

책을 들고 나오긴 해. 하지만 한 번 돌아선 민심은 쉽게 돌아오지 않는 법. 이뿐이 아니었어. 북부 뉴잉글랜드에서도 청교도들이 영국 국왕의 명령을 어기고 퀘이커교도뿐만 아니라 영국 국교도 들까지 박해하는 등 문제가 일어나자 영국 정부는 다시 강경책을 강구해. 이런 것들이 쌓이고 쌓이면서 북아메리카 식민지에서는 영국으로부터 독립해야 한다는 의식들이 싹트기 시작했어.

【백년전쟁】
1328년 프랑스 카페 왕조의 샤를 4세가 후계자 없이 사망하자, 사촌인 발루아 가의 필리프 6세가 왕위에 올라. 그러자 영국 왕 에드워드 3세는 자신의 어머니가 카페 왕가 출신이므로 프랑스 왕위를 계승해야 한다고 주장해 전쟁을 하게 돼. 100년간 지속되었다고 해서 '백년전쟁'이라 불리는데, 실제로는 1337년부터 1453년까지 쉬었다가 했다가를 반복하며 116년 동안 치러졌다고 해. 프랑스의 잔 다르크가 활약했던 바로 그 전쟁이야.

프렌치 인디언 전쟁

북아메리카에서는 영국뿐만 아니라 유럽의 다른 나라들도 식민지 건설에 적극 나서고 있었어. 남아메리카에서는 스페인, 뉴잉글랜드 북쪽에서는 프랑스가 힘을 발휘하고 있었지. 그런데 알다시피 영국과 프랑스는 옛날부터 앙숙지간이잖아. 프랑스 왕위 계승 문제를 둘러싸고 영국과 프랑스가 백년전쟁Hundred Years' War, 1337~1453을 벌였거든. 이 전쟁 때문에 영국과 프랑스는 서로에게 악감정이 싹트면서 앙숙관계로 발전하지.

이후 두 나라가 손 잡은 것은 크림전쟁1853년에서 1856년까지 러시아의 남진 정책을 막기 위해 일어난 전쟁이 한창이던 1854년이었으니, 이때에는 여전히 앙숙관계였어. 이런 역사적 배경을 갖고 있던 터라 북아메리카 식민지를 둘러싼 영국과 프랑스의 갈등은 불을 보듯 뻔했지. 결국 두 나라는 북아메리카에서 맞붙었어. 이유는 오하이오 협곡Ohio Creek을 둘러싼 주도권 다툼 때문이야.

오하이오 계곡에는 인디언들을 비롯하여 영국인, 프랑스인 들이 살고 있었어. 그런데 모피 무역이 주목적이었던 프랑스인들은 모피 교역 상대자인 인디언들과 가깝게 지냈어. 프랑스인들은 이 무역을 자신들만이 독점하길 원했지. 왜냐고? 수입이 짭짤했으니까. 그런데 영국인들도 모피 교역을 원했어. 나아가 오하이오 강 주변에서 농사까지 짓길 바랐어. 이때 오하이오주식회사라는 식민지 회사가 영국 정부로부터 오하이오 계곡에 식민지를 건설할 수 있는 특허장을 받아들고 이주민들을 모아 이주시키기 시작해. 그러자 그곳에 이미 정착해 있던 사람들, 특히 프랑스인들이 강력하게 반발하지. 영토 침해라고. 프랑스인들은 급기야 영국인들을 몰아내기로 하고 요새 건설에 착수했어. 또한 뉴프랑스의 총독은 1749년 영국인들의 정착지를 애팔래치아 산맥 동쪽으로 국한시킬 요량으로 그 지역의 모든 영국인들에게 추방령을 내려. 그러자 가뜩이나 프랑스의 식민지 확산 정책이 몹시 성가셨던 영국은 이때다 싶어 대규모 군대를 파견하여 프랑스와 일전을 벌이지.

북아메리카 식민지의 대표들이 1754년 뉴욕 올버니Albany에 모여 프랑스와 어떻게 싸울 것인지를 놓고 회의를 했어. 올버니에서 만났기 때문에 '올버니 회의'라고 불러. 이 회의에서 벤저민 프랭클린Benjamin Franklin이 '올버니 연방안Albany Plan of Union'을 제안해. 식민지들이 함께 연합하면 프랑스를 이길 수 있다는 게 프랭클린의 주장이었지.

이 올버니 플랜의 주요 골자는 이런 거였어. 평소의 일상 업무는 각 식민지들이 스스로 알아서 하면 되지만 전쟁 같은 모두에게 영향을 미치는 문제에 대처하기 위해서는 식민지들의 연합인 연방정부가 필요하다. 그런데 식민지들은 그 계획을 받아들이지 않았어. 하나의 정부 아래 참가할 준비가 되어 있지 않았거든.

그래서 영국은 식민지의 지원 없이 프랑스와 전쟁할 수밖에 없었어. 초반부터 영국군이 밀렸어. 인디언이 프랑스 편에 가담했기 때문이기도 해. 델러웨이족Delaware, 오타와족Ottawa, 쇼니족Shawnee 등 대부분의 인디언들은 프랑스의 동맹이었어. 다만 모호크족Mohawk 같은 몇몇 인디언 부족만이 영국의 동맹이었지.

1754년 버지니아 총독은 몇 년 전 영국군에 입대했던 조지 워싱턴George Washington이라 불리는 젊은 장교에게 명령을 내렸어. 군대를 계곡으로 이끌고 들어오라고. 그런데 워싱턴은 처음에는 프랑스군을 패퇴시키지만 나중에는 항복했어.

하지만 새 영국수상인 윌리엄 피트William Pitt는 이 전쟁이 영국의 신대륙 경영에 사활이 걸린 문제로 인식하고 반드시 이겨야 한다는 생각에서 많은 배와 군대를 파견해. 이로 인해 프랑스 군에 밀리던 영국군은 불리한 전황을 반전시키며 역사적인 퀘벡 전투를 벌이지. 1759년 9월이야. 젊고 유능한 장군 제임스 울프 James Wolfe의 대활약에 힘입어 퀘벡전투에서 영국의 승리로 전쟁이 끝나지. 프랑스는 영국에게 캐나다와 미시시피 강 동쪽 땅을 내주기로 하는 파리조약The Treaty of Paris, 1763년에 서명함으로써 실질적으로 종전 절차를 마무리했어. 역사가들은 이 전쟁을 '영국-프랑스 전쟁' 또는 '프렌치 인디언 전쟁French and Indian War'이라고도 불러. 영국에서 볼 때 프랑스가 인디언과 동맹을 맺었기 때문에 이렇게 부르기도 한대.

파리조약 후에도 영국군은 계속해서 오하이오 협곡에 주둔했어. 그러자 프랑스 편이었던 오타와족의 추장 폰티악Pontiac이 반란을 일으키지. 하지만 폰티악의 전사들은 1년을 버티지 못하고 패퇴해. 이 반란을 계기로 영국군은 1763년 인디언들과의 싸움을 방지하기 위한 공식 선언문을 만들었어. 영국은 이민자들이 애팔래치아 산맥 서쪽에는 정착하지 못하게 하여 인디언 부족들의 권리를 인정하지. 그러자 이번에는 이민자들의 비위가 상했어. 영국 이민자들은 프랑스인들이 떠난 오하이오 협곡에서 농사 짓기를 원했거든. 또한 인디언과 분쟁을 막는다는 명분으로 영국군이 계속 머무는 것도 달가워하지 않았어. 더욱이 영국 정부가 군대 주둔 비용을 식민지에 떠넘기려 하자 식민지인들 사이에서 정부의 결정에 반대하는 움직임이 일어나기 시작했지.

7년전쟁과 대표 없는 과세

한편 영국은 '7년전쟁Seven Years' War, 1756년'을 치르고 있었어. 오스트리아 왕위계승전쟁에서 독일 동부의 비옥한 슐레지엔 지방을 프로이센에게 빼앗긴 오스트리아가 그 땅을 회복하려는 데서 비롯되었지. 프로이센은 영국과 결탁하고, 오스트리아는 프랑스를 비롯한 작센, 러시아 등과 동맹을 맺어 서로 싸웠어. 이 전쟁의 결과 프로이센은 독일에 대한 주도권을 확보하였고, 영국은 북아메리카의 뉴프랑스 퀘벡, 온타리오와 인도의 프랑스 영토를 빼앗아 대영제국의 기틀을 마련하지. 앞에서 살펴보았던 '프렌치 인디언 전쟁'과도 연계가 되고.

하지만 영국은 전쟁에서 승리했지만 '상처뿐인 영광'이었어. 가뜩이나 돈이 없어 허덕이던 터에 이 전쟁으로 1억 3천만 파운드라는 어마어마한 빚을 졌던 거야. "식민지를 관할하는데 그치지 말고 다스려야 한다"고 호기를 부리며 왕권 회복을 강력히 꾀하던 조지 3세George Ⅲ, 1736~1820의 고민이 깊어졌어. 고민? 뭐겠어. 돈이지, 돈. 영국은 '프렌치 인디언 전쟁'으로 인해 돈을 많이 썼으니까 아메리카 식민지에서 부담하도록 해야 한다고 생각했어. 그래서 고안해 낸 방법이 세금을 통한 재정 확충. 수상 겸 재무상이던 그렌빌George Grenville, 1712~1770이 제안한 '설탕법Sugar Act'이 1764년에 의회를 통과해. 설탕뿐만 아니라 커피, 옷 같은 수입상품들에 대해 세금을 부과하는 법이었어. 그런데

【영국의 권리장전】
1688년 제임스 2세의 전제정치에 반
하여 일어난 명예혁명의 결과 왕의 권
한을 견제하려는 목적에서 제정된 법.
왕이라 해도 의회의 승인을 받지 않고
는 과세할 수 없고, 평화 시에는 상비
군을 유지할 수 없으며, 의회에서의 언
론의 자유와 독립성을 인정하도록 했
지. 바로 여기에 대표 없는 과세 없다
는 명제가 나와.

저항이 이만저만이 아니었어. 이런 가운데 영국 의회는 1765년에 '인지세Stamp Act'로 불리는 또 다른 세금까지 만들어. 종이에 인쇄되는 것들, 심지어 결혼증서와 카드에도 부과하는 세금이야.

그런데 식민지인들은 세법을 만들고 통과하는데 자신들의 대표가 참여하지 않은 것에 더 화가 났어. 대의민주주의 의식이 강하게 자리 잡고 있던 그들로서는 '대표 없는 과세'를 받아들이기가 힘들었지. 영국의 권리장전에도 의회의 승인이 있어야 과세할 수 있도록 되어 있잖아. 당시 아메리카 식민지들은 영국 의회에 대표를 파견하지 못하고 있었거든. 상황이 이렇게 되자 불만이 공개적으로 표출되기 시작해.

버지니아 주 하원의원인 패트릭 헨리Patrick Henry, 1736~1799가 청중들 앞에 나서서 그 유명한 '자유가 아니면 죽음을 달라'는 인지세 반대 연설을 했어. 이를 계기로 전 식민지에 걸쳐 인지세법에 반대하는 조직적인 운동이 일어나는데, 대표적인 것이 매사추세츠 식민지에서 새뮤얼 애덤스Samuel Adams를 중심으로 만들어진 '자유의 아들Sons of Liberty'이었지.

세금을 둘러싼 갈등

이러는 가운데, 1765년 10월, 9개 식민지의 대표들이 뉴욕에 모여 '인지세 회의Stamp Act Congress'를 열어. "대표 없는 과세 없다"였지. 그리고 뉴욕이나 필라델피아 같은 대형 항구도시 상인들은 영국 상품 불매운동을 벌였어. 이런 강력한 저항에 부딪치자 영국 정부는 급기야 1766년 인지세를 폐지해.

그러자 돈이 많이 필요한 영국 정부의 고민은 더욱 깊어졌어. 결국 영국 의회는 1767년 또 법을 만들고 말지. 식민지에서 근무하는 총독과 군인들에게 지불할 급료를 만든다는 명목으로, 이 법을 제안한 재무장관 C. 타운센트의 이름을 따서 만든 '타운센트법Townshend Act'이야. 식민지에서 수입하는 차, 유리, 전깃줄, 페인트, 종이에 세금을 부과하겠다는 것이었어. 식민지들의 반응은 어땠을까? 불을 보듯 뻔하지. 분노가 들끓기 시작했어. 폭력으로 세무 관리들을 위협하면서 영국 상품에 대한 대규모 불매운동을 벌였어. 영국 상품 불매운동은 상당한 불편을 감수해야 하는 일이야. 영국은 유일하게 산업혁명을 이룩한 터여서 값싸고 질좋은 공산품이 많았어. 하지만 '자유의 딸Daughters of Liberty'의 활약으로 옷 같은 것은 손수 만들어 입었지. 성과가 컸어. 통계를 보니까 당시 영국의 식민지에 대한 수출이 38%나 감소했대.

그런데 보스턴 상황이 심각했어. 보스턴의 화난 군중들이 여러 사람을 다치게 하는 등 항의의 강도가 위험 수위를 넘나들자

보스턴 학살 폴 리비어가 보스턴 대학살 장면을 판화로 표현한 작품.

영국 정부가 세무관리들을 보호한다는 명분으로 군대를 파견해.
하지만 보스턴 사람들은 영국군의 주둔을 원하지 않았어. 그러던
중 '보스턴 학살 사건Massacre of Boston'이 일어나.

1770년 3월 5일 밤, 화재를 알리는 종소리가 나자 보스턴 거리
에 사람들이 모여들었어. 때마침 눈이 내려 눈싸움 하며 놀던 사
람들이 지나가는 영국군에게 야유를 퍼부으며 눈덩이를 던졌어.
여기에 흥분한 영국 군인이 군중들에게 발포하여 5명이 사망하
고 8명이 부상을 입는 사건이 발생했던 거야. 사망자 중 한 명이
오늘날 영웅으로 기억되는 아프리카 출신 노예 크리스퍼스 어턱
스Crispus Attucks. 보스턴 사람들은 이를 '보스턴 학살'이라고 명
명하고 대대적인 정치 공세를 펴지. 은세공업자이자 자유의 아

들 회원인 폴 리비어Paul Revere가 보스턴 대학살을 담은 그림을 그렸어. 그리고 사망자들의 장례식에 무려 1만 명의 군중이 참가해. 당시 보스턴 인구가 1만 6천 명이었던 점을 감안하면 보스턴 사람들이 이 사건에 대해 갖고 있던 관심이 어땠는지 알 수 있지. 이 학살 사건은 다른 식민지들에게도 영향을 미쳐 조직적인 저항의 움직임을 보이기 시작하게 했거든. 그러자 영국 정부는 한 발 물러서지. 타운센트법 철회. 그러면서도 미련을 못 버리고 차에 대한 세금은 철회하지 않았어.

그런 가운데 1773년 영국 의회는 '차 조례Tea Act'를 통과시켜. 동인도회사의 재정문제를 해결한다는 명목으로, 동인도회사가 북미 식민지에 차를 매우 싼 가격에 팔 수 있도록 허용하는 것이었어. 그 결과 영국에서 수출관세는 면제했지만 식민지에 상륙할 때에는 별도로 수입관세를 물어야 하므로 영국의 값싼 차를 산다면 그건 곧 영국 정부에 세금을 내는 꼴. 그래서 보스턴 상인들은 동인도회사의 차를 팔지 않았어. 그러니 차는 하역되지도 못한 채 보스턴 항에 떠 있는 배에 실려 있었지. 차를 영국으로 되돌려 보내라는 식민지인들의 요구를 영국 관리들이 거절했어.

1773년 12월 16일, 보스턴의 올드사우스 공회당에서 집회가 열렸어. 새뮤얼 애덤스, 조지아 퀸시 등이 영국과 조지 3세, 영국 의회를 규탄하는 연설을 하지. 그리고는 파티를 열었어. 파티가 무르익어 어느 정도 취기가 돌자, '자유의 아들' 수십 명이 모호크Mohawk 인디언으로 가장하고 보스턴 항에 정박해 있던 영국 동

보스턴 차 사건 보스턴 항에 있던 영국 배에 올라 차 상자를 바다에 던지는 장면.

인도회사의 다트모스호Dartmouth로 달려갔어. 그들은 배에 실려 있던 342개의 차 상자를 바다에 던지며 '파티'를 벌이지. 이 사건 이 바로 그 유명한 '보스턴 차 사건Boston Tea Party'이야.

그러자 가뜩이나 노심초사하고 있던 영국으로서는 기회다 싶었지. 프레데릭 노스Frederick North 경이 이끄는 영국 의회가 매사추세츠 식민지인들을 처벌하기 위한 '강압법Coercive Acts'을 통과시켜. 매사추세츠 식민지가 바다에 버려진 차 값을 배상할 때까지 보스턴 항을 폐쇄하고, 사건 주모자들을 영국으로 압송하여 재판한다는 거였어. 보스턴 항구가 폐쇄되던 날, 식민지에서는 집집마다 반기를 게양하고 법령집을 불태우는 등 강하게 반발했어. 식민지인들은 이 법을 '참을 수 없는 법Intolerable Act'이라고 불렀어. 그러자 보스턴 대학살 사건 때 각 식민지에서 일어나는 일들을 공유한다는 명목으로 새뮤얼 애덤스Samuel Adams, 1722~1803를 중심으로 조직한 대응위원회가 적극 나서서 대책회의를 열지. 1774년 10월 5일 필라델피아 카펜터즈 홀에서 열린 이 회의에 각 식민지들이 대표를 보냈는데, 조지아를 제외한 12개 주에서 55명의 대표들이 모였어. 이 회의를 '1차 대륙회의'라고 불러. 회의는 식민지인들은 영국 시민들과 똑같은 자유를 가져야 하고, 조지 3세 왕과 의회는 식민지인들의 동의 없이 식민지인들에게서 세금 걷는 것을 중지하고, 참을 수 없는 법을 철회할 것을 요구하기로 결정해. 그리고 왕이 요구를 거절할 경우 5월에 다시 만나기로 하고 회의를 끝냈어.

하지만 영국 왕은 이를 단호히 거부해. 왕권강화론자인 조지 3세는 강경책을 쓰는데, 1775년에 식민지인들이 반란을 시작한 것이라고 보고 더 많은 군대를 보스턴에 보내지.

벙커힐 전투

보스턴 차 사건으로 갈등이 최고조로 치달으면서 1차 대륙회의가 열리는 동안 각 식민지에서는 자체적으로 식민지협의회 같은 것을 구성했어. 연방정부가 성립되기 전이라 주 단위로 모든 것이 자치되던 때여서 이런 움직임은 매우 중요한 의미를 지니거든. 매사추세츠 주는 영국군의 특별한 감시를 받는 터여서 보스턴을 피해 콩코드에서 회의를 열었는데, 이주민들의 생명과 자유, 재산을 보호하기 위해 주민 각자는 무장하고 미닛맨Minutemen, 긴급소집병이라는 민병대를 창설하기로 결정했어.

이때 버지니아 행정장관 패트릭 헨리가 유명한 연설을 하지. 앞에서 말했던 '자유를 달라'는 그 연설. 이런 내용이었대. 페트릭 헨리의 연설문은 원본은 전해지지 않고 나중에 그 자리에 있었던 사람들의 기억에 의존해 만들어진 거야.

"우리의 형제들은 이미 싸움터에 나가 있습니다. 그런데 왜 우리는 여기서 이렇게 빈둥거리고 있습니까? 여러분이 원하는 것이 무엇입니까? 여러분이 가지게 될 것이 무엇입니까? 쇠사슬과 노예화의 대가를 치르고 사야 할 만큼 우리의 목숨이 그렇게도 소중하고 평화가 그렇게도 달콤합니까? 전능하신 하느님, 그런 일은 절대로 없게 해주십시오. 다른 사람들은 어떤 길을 택할지 모르지만, 나에게는 자유가 아니면 죽음을 주십시오."

한편 영국 지도자들은 식민지의 민병대가 신경 쓰였지. 그런데 매사추세츠의 새 영국 총독 토머스 게이지Thomas Gage, 1721~1787 장군은 애국파Patriots, 영국 규칙을 반대하는 이민자들이 콩코드에 총과 대포를 배치했다는 정보를 입수해. 게이지는 그 보급품을 파괴하기 위해 군인들을 파견하기로 했어. 그런데 게이지 장군의 계획

역시 애국파가 사전에 입수해. 공격 정보를 입수한 애국파가 당연히 대응을 준비했지. 그들은 보스턴의 올드노스처치 타워에서 손전등을 사용하여 영국군이 오고 있음을 외곽의 애국파에게 알렸어. 은세공업자인 폴 리비어Paul Revere와 윌리엄 도웨스William Dawes 두 명의 애국파가 말을 타고 민병대에 알리지.

1775년 4월 18일, 700명의 영국군이 콩코드를 향해 출발하자 리비어와 도웨스는 잠자고 있는 민병대의 미닛맨들을 깨우며 전속력으로 길을 따라 앞으로 달렸어. 4월 19일 해 뜨기 직전, 중간지점인 렉싱턴에 다다른 영국군은 그곳에서 기다리고 있던 소규모의 민병대와 맞닥뜨리지. 영국군 장교가 민병대더러 떠나라고 하자 민병대가 가려고 하는 순간 한 발의 총성이 울렸어. 지금도 그 발포가 영국군에 의한 것인지 민병대에 의한 것인지는 모른대. 아무튼 이 총성을 계기로 양측이 교전을 벌였지. 결과는 민병대는 8명 죽고 9명이 부상당한 반면 영국군은 단지 1명만이 부상을 입었어. 리비어는 붙잡히고 도웨스는 도망쳤어. 영국 군인들이 결국 리비어도 풀어주지. 나중에 헨리 워즈워스 롱펠로가 미국의 국민 애송시인 '폴 리비어의 말 달리기Paul Revere's Ride, 1861년'라는 작품을 써서 리비어를 국민 영웅으로 만들었어.

렉싱턴 전투에서 전과를 올린 쪽은 영국. 그러자 가볍게 몸 풀기에 성공한 영국군은 가던 길을 계속하여 콩코드로 행진했지. 민병대는 영국군에게 보스턴으로 돌아갈 것을 요구했어. 별다른 성과를 거두지 못하자 영국군은 퇴각하기로 했어. 그런데 애국파가 콩코드와 보스턴 사이에서 기습공격을 준비하고 있었지. 이 기습공격으로 영국군은 보스턴에 도착하기도 전에 250명 이상 이 부상을 입었거나 죽었어. 이번에는 민병대의 대승리. 렉싱턴 과 콩코드 전투 소식은 삽시간에 퍼져나갔어. 민병대가 속속 보 스턴으로 몰려들어 수천 명의 무장한 이민자들이 도시를 에워싸.

이렇게 영국과 북아메리카 식민지 사이의 관계가 악화일로를 치닫고 있는 가운데, 1차 대륙회의 때 식민지 대표들이 했던, 일 이 있으면 다시 모인다는 약속, 기억하지? 그래서 이들 대표가 1775년 봄 필라델피아에서 다시 모였어. 2차 대륙회의가 열린 거 지. 참석 멤버는 1차 때와 거의 같았으나 매사추세츠의 존 핸콕 John Hencock, 버지니아의 토머스 제퍼슨Thomas Jefferson, 펜실베 이니아의 벤저민 프랭클린Benjamin Franklin 등이 새로 선보인 얼 굴들이야. 대표단들은 영국과 전쟁이 불가피하다는데 인식을 같 이하고 식민지 연합군을 창설하기로 했어.

그러는 가운데 보스턴을 에워싼 민병대가 벙커힐Bunker Hill에 요새를 세우기로 하고 벙커힐에 도착하였을 때 이미 브리드힐 Breed's Hill 요새가 만들어지고 있었어. 그곳은 보스턴과 더 가까 운 곳이야. 그 요새를 본 영국군은 깜짝 놀라 2,000명 이상의 병 력을 투입해 브리드힐을 공격했어. 일진일퇴의 공방전 끝에 영 국군이 요새를 점령하지. 하지만 군대의 절반 이상을 잃어서 영 국군은 상처뿐인 승리를 거둔 셈. 브리드힐에서 싸웠지만 이 전 투를 역사에서는 '벙커힐 전투The Battle of Bunker Hill'라고 불러.

한편 2차 대륙회의는 대륙군Continental Army이라 불리는 식민지 연합군을 창설하고 초대 사령관에 '프렌치 인디언 전쟁'에 참전했다 결국 패배한 바 있는 조지 워싱턴George Washington을 임명하지. 사령관을 맡은 워싱턴은 7월 3일 매사추세츠 캠브리지에 작전본부를 설치하고 군대를 사열해. 이날 사열식에 뉴잉글랜드군도 참가함으로써 명실상부한 식민지연합군의 모습을 갖췄어.

2차 대륙회의에 참가했던 대표단들 중에는 영국과의 전쟁을 원하지 않는 사람도 있었어. 그래서 영국과 평화 교섭을 한 번 더 해보기로 해. 1775년 6월 대표단이 조지 3세에게 '올리브가지 청원서The Olive Branch Petition'를 보내. 하지만 조지 왕은 올리브가지 청원서를 읽어보기조차 하지 않고는 외려 더 많은 군대를 식민지로 보냈어. 대표단은 심히 분노했지.

9개월 동안 보스턴에 주둔하던 영국군은 헨리 녹스Henry Knox 대령이 뉴욕의 타이콘데로가 요새Fort Ticonderoga에 있는 대포를 보스턴으로 가져오자 1776년 3월 17일 배를 타고 보스턴 항을 빠져나가. 애국파의 승리. 하지만 이것은 전쟁이 시작되었음을 알리는 신호탄이었어.

독립을 향한 발걸음

1775년 렉싱턴 전투 후, 아메리카 식민지와 영국은 전쟁 중이

『상식』을 쓴 토머스 페인 초상화와 『상식』의 표지 이미지.

었지만 아무도 대놓고 독립이라는 말을 꺼내지는 못했어. '독립'은 일종의 금기어였지. 이럴 때 토머스 페인Thomas Paine이 등장해. 페인은 급진주의자였는데, 인생에서 실패만 거듭하는 인물이었어. 이름조차 '고통Pain'이라는 의미에서 'Paine'이라고 지을 정도니까 알 만 하지. 프랭클린의 소개로 필라델피아 애국파에 가담한 그는 《상식Common Sense》이라고 제목을 붙인 팸플릿을 발표해. 그런데 이 작은 팸플릿은 수십만 부가 팔려나가며 엄청난 반향을 불러왔어.

"하느님이 영국과 북아메리카대륙을 이렇게 멀리 떼어놓으신 것도 우리 독립의 순리이며 당연하다는 증거이다. 영국이 북아메리카대륙에 행사하는 권력은 결코 하느님의 뜻이 아니다."

《상식》은 많은 사람들의 마음을 바꾸었대. 이런 가운데 강력하게 독립을 요구하자는 존 애덤스John Adams의 의견에 동조하는 대표단들이 점점 늘었어. 1776년 6월 7일, 마침내 버지니아 대표 리처드 헨리 리Richard Henry Lee가 공식적으로 독립선언을 할 것을 회의에 요구했지.

그러자 대륙회의는 토머스 제퍼슨Thomas Jefferson과 존 애덤스John Adams, 벤저민 프랭클린Benjamin Franklin, 로저 셔먼Roger Sherman, 로버트 리빙스턴Robert Livingston 등 5명으로 위원회를 구성하여 독립선언문 작성을 요청하였고, 위원회는 제퍼슨에게 초안을 쓰도록 의뢰했어. 제퍼슨은 영국으로부터 독립하려는 이유와 식민지인들의 권리에 관해 썼지. 선언문에 담겨 있는 사상들은 존 로크John Locke의 자유주의를 따랐어. 6월 28일 제퍼슨 초안을 애덤스와 프랭클린이 약간 수정하여 회의에 보고되고, 7월 2일 토의에 붙여 독립선언을 하기로 가결하고, 7월 4일 2차 대륙회의에서 표결을 통해 선언문을 채택하고, 대표단들이 비장한 마음을 담아 서명해. 선언문에 서명하면 영국이 국가반역죄로 다스릴 것이어서 매우 위험한 행동이었거든. 그래도 대표단은 서명했고, 큰 소리로 낭독됐어.

독립선언문 대륙회의 대표단이 독립선언문에 서명했다.

독립선언문은 오늘날에도 매우 중요한 가치를 지니고 있어. 미국 국민들은 모든 것에서 평등권을 갖고 있음을 보장하고 있기 때문이야. 물론 1776년 당시 모든 아메리카 사람들은 똑같은 권리를 행사할 수는 없었어. 재산을 소유한 백인 남자만이 투표할 수 있었지. 여자와 아프리카계미국인, 인디언 그리고 다른 그룹들이 평등권을 획득하기까지는 아주 많은 시간이 더 필요했어.

독립전쟁

독립을 선언하긴 했지만 영국으로부터 어떻게 독립을 쟁취할 것인가 하는 것이 남은 과제였어. 간단치가 않았어. 영국이 순순히 독립을 시켜줄리 만무지. 화해 청원을 거절당한 마당에 더 이상의 평화협상은 무의미했어. 남은 방법은 전쟁뿐이었지.

앞에서 살펴본 1775년에 일어난 렉싱턴, 콩코드와 벙커힐 전투가 이미 독립전쟁의 서막을 장식했었잖아. 그런데 영국군과 식민지대륙군은 너무도 많이 달랐어. 다르다기 보단 차이가 났지. 영국군은 누가 뭐래도 스페인의 무적함대를 무찌른 정규군이었고, 대륙군은 워싱턴을 사령관으로 임명하여 훈련을 막 시작한 초보군인. 누가 보더라도 상대가 안 되지.

독립전쟁의 초반 전세는 당연히 영국군이 우세. 이때 하우 장군William Howe이 조지 3세의 친서를 가지고 왔었어. 그런데 '조지 워싱턴 선생 귀하'라고 쓰여 있었어. '조지 워싱턴 사령관'이라는 공식 직함을 쓰지 않았다는 것은 식민지 대륙군의 사령관직을 인정하지 않는다는 것을 의미하므로 워싱턴은 당연히 친서 접수를 거부하지. 이로써 타협의 가능성은 사라졌어.

1776년 8월 27일 야음을 틈타 영국군이 블루클린Brooklyn 공격에 나섰어. 대륙군은 2,000명이나 사상자를 내고 후퇴했어. 대륙군은 영국군의 공격을 피해 북부로 피하기에 급급했지. 대륙군의 사기가 땅에 떨어졌음은 당연한 일. 이때 토마스 페인이 대륙군의 사기를 북돋우는 글을 또 발표해. 페인은 군인정신을 시험할 때가 왔다며 어려울 때 조국을 위해 헌신하는 것이 참다운 정신이라고 강조하지.

반면 영국군의 하우 장군은 외려 느긋하기만 했어. 마침 그는 크리스마스를 보내기 위해 뉴욕으로 가고 사령부를 독일 용병에게 맡기지. 이런 하우 장군의 만용은 워싱턴에게는 절호의 기회가 되었어. 워싱턴으로서는 크리스마스이브라 경비가 허술하고 때마침 눈까지 내리고 있어서 작전을 구사하기에는 더 없이 좋은 조건이야. 워싱턴은 뉴저지 트렌튼Trenton에 있는 하우 장군의 사령부를 공격했지. 그러자 패한 영국군은 전쟁 중에 흔히 있을 수 있는 일로 치부하며 워싱턴의 대륙군에 대한 압박작전을 펴려 했어. 1777년 6월, 영국은 캐나다에서 전투를 벌이고 있던 존 보거인John Burgoyne 장군에게 남하하라고 하고, 하우 장군도 허드슨 강변을 따라 북상, 뉴욕 올버니에서 합류하여 대륙군에 대한 공세를 펼 계획이었거든. 하지만 원시림과 고지를 통과해야 하기 때문에 보거인 장군의 남하는 여의치 않았고, 하우 장군은 아예 출발조차 하지 못해 영국군의 작전은 시작도 하기 전에 물거품이 되지. 그런 가운데 하우 장군이 체면 유지를 위해 대륙회의의 수도 필라델피아를 점령하겠다는 생각에서 뉴욕을 비우자 워싱턴은 모든 병력을 총동원하여 보거인 군대를 격파했어.

새러토가Saratoga 전투가 전환점이었어. 대륙군의 승리를 예감할 수 있었음은 물론이거니와, 유럽 정세의 변화에도 한 몫 하지.

특히 프랑스의 입장이 명확해졌어. 영국과 앙숙지간이었던 프랑스로서는 때마침 벤저민 프랭클린의 도움 요청이 있자 대륙군을 지원하기로 하고 돈과 군인 그리고 막강한 해군을 파견해. 프랑스에 이어 스페인, 네덜란드, 러시아도 대륙군을 도왔어.

겨울 동안 포지 계곡Valley Forge에서 보내게 된 워싱턴은 보급품이 없어 맨발로 다녀야 했고, 질병으로 많은 군인들이 죽는 등 큰 고통을 당하지만 위기를 기회로 만드는 리더십을 발휘하여 계속 전진할 수 있는 힘을 만들어 냈어.

한편 북부에서 3년 이상 전쟁을 치렀지만 이길 수 없었던 영국은 1779년 전략을 바꿔 소규모 군대로 남부를 침입하기로 했어. 영국군이 남부에 희망을 건 것은 북부보다 충성파가 더 많다고 생각했기 때문이야. 새러토가 전투의 애국파 영웅 베네딕트 아놀드Benedict Arnold가 영국군을 도왔어. 충성파가 된 거지. 반역자. 하지만 영국군이 남부의 많은 전투에서 이겼다 해도 남부의 애국파라고 손 놓고 있지는 않았어. 기습공격을 하며 뒤에서 싸웠지.

영국군 사령관 콘월리스Charles Conwallis는 해상을 통해 영국 본토로부터 증원군이 도착하기를 기대했지만 여의치 않았어. 대륙군과 프랑스군의 협공으로 영국군은 뉴욕으로 후퇴했지. 더욱이 콘월리스 사령관은 다른 부대의 지원을 요청했으나 여의치 않자 승산이 없다고 판단했어. 그리고 마침내 항복을 선택하지. 10월 17일, 영국군 성벽 위에 매달려 있던 북이 울렸어. 이윽고 백기를 든 한 영국인 장교가 모습을 드러냈지. 항복한 거야. 이렇게 독립전쟁은 끝났어.

전해지는 말에 따르면 항복한 영국 군인들이 연도에 늘어선 식민지인들 사이를 행진해 갈 때 군악대는 '세상이 거꾸로 뒤집혔네'를 연주했다고 하니, 정말 새옹지마라는 말이 실감나네.

1783년 9월 3일, 아메리카연합국과 영국은 아메리카연합국의 독립을 인정하는 내용을 담은 조약에 서명했어. 이름 하여 '파리조약'. 이제 식민지인들, 아니 미국인들 앞에 또 하나의 과제가 주어졌지. 어떤 나라를 만들 것인가? 이 얘기는 다음 시간에.

제5강

13개 식민지, 미국이 되다!

북아메리카의 13개 식민지들이 전쟁에서 이기면서 독립했으니까 이제부터 해야 할 일은 뭐겠어? 그렇지. 나라를 만들어야겠지. 그런데 나라 만드는 것이 쉬운 일이 아니야. 우리가 일본의 압제에서 해방되어 나라를 건국하기까지 3년의 과정이 필요했잖아. 미국이라고 다르지 않지.

이번 시간은 '13개 식민지, 미국이 되다!'라는 제목으로 13개 식민지가 하나의 이름을 가진 새로운 나라를 세워 나가는 과정을 살펴보려고 해.

아, 용어부터 하나 정리하고 가자. 지금까지 '미국'이나 '미국인'이라는 용어를 거의 사용하지 않았어. 당연하지. 미국이란 나라가 아직 없었으니까. 아메리카대륙 또는 식민지라고 썼지. 하지만 지금부터는 '식민지' '식민지인' 대신 '미국' 또는 '미국인'이라고 쓸 거야. 그 이유는 곧 알게 될 거야.

연합규약

　독립전쟁이 끝나면서 북아메리카의 영국 식민지들은 독립된 각각의 주State가 됐어. 그리고 주보다 상위개념에 있던 영국이 본국의 자리에서 없어졌지. 미국의 주라고 해서 우리나라의 광역 자치단체인 서울시나 강원도 같은 개념으로 생각하면 오산이야. 완전한 하나의 독립된 국가라고 해도 크게 틀리지 않아. 주는 자체의 헌법과 법을 갖고 있어. 2020년 미국 대통령 선거의 개표 과정에서 피 말리는 각축 속에서도 각 주마다 자신들의 헌법과 법에 따라 고유 권한을 행사하던 뉴스 봤지? 우리나라 광역단체는 헌법이나 법이 없고 대신 비슷한 개념의 조례를 제정해. 조례와 법은 차이가 있어. 법이 조례보다 상위개념이야.

　아무튼 각 주들은 자체적으로 사는데 큰 문제는 없지만 보다 큰 개념의 국가가 필요하다는 데 인식을 같이 하고 있었어. 본국이었던 영국과의 관계 설정 과정을 보더라도 개별 주들이 단독으로 대응하는 것보다 여러 주들이 힘을 합쳐 공동보조를 취하는 것이 훨씬 효율적이라는 학습 효과가 있었던 것이지. 만약 외교나 국방 같은 일을 각 주가 저마다의 입장으로 대처한다고 하면 북아메리카의 상황은 소위 중국의 춘추전국시대처럼 여러 주나라들이 난립하여 각축을 벌이는 형국이 되겠지. 물고 물리는 전쟁이 끊임없이 일어날 테고.

　하지만 각 주들은 강한 정부일 필요는 없다고들 생각했어. 주

위에 군림하는 정부는 그다지 도움이 안 된다는 생각이었던 거지. 그래서 대륙회의는 정부를 세우되 있는 듯 없는 듯한 정부여야 한다는 입장에서 정부 수립 계획을 세웠어. 그 계획을 '연합규약The Article of Confederation'이라고 불러. 대부분의 권력은 주에서 행사하고, 중앙정부는 상징적인 권한만을 갖는 아주 약한 정부를 세운다는 것이 골자였어.

1781년 각 주들은 이 규약을 받아들여. 하지만 13개 주가 각각의 절대권한을 가지고 있어서 한 목소리로 통일하기가 여간 어려운 게 아니야. 그러자 이런 내정의 혼란스러움을 극복하기 위해서는 외려 강한 중앙정부가 필요하게 되었어. 나중에 미합중국의 헌법이 제정되면서 이 연합규약은 효력을 다하지만 미약하나마 13개 식민지를 하나로 묶어내는 미국 최초의 연방헌법이라는 점에서 의미가 있지. 이 규약은 이후의 제헌회의Constitutional Convention 구성과 현재의 연방정부로의 길을 열어주었잖아.

샤이의 반란

미국은 그동안 독립전쟁을 치르느라 경제를 비롯한 여러 면에서 극도의 피로감을 느끼는 상황이었어. 특히 경제와 계층 간 갈등 문제는 시급히 해결해야 할 최우선 과제였지. 요즘 세계 각국이 안고 있는 '경제와 계층 간 갈등' 문제가 이미 이때에도 중요한 국가적 과제였다는 점이 눈길을 끌지?

독립전쟁을 하는 동안에는 나름 경제가 괜찮았어. 전쟁에 필요한 각종 군수품을 대기 위해 모든 생산 시설들을 풀가동 했었지. 이때에는 실업자가 없을 만큼 거의 완전고용이 이루어졌을 테고, 그럼 노동자는 임금을 받아 생활에 어려움이 없을 테고.

하지만 전쟁이 끝난 후가 문제였어. 이들 생산품에 대한 수요가 급감함으로써 경기가 침체일로를 걸을 수밖에 없었지. 남부의 담배나 쌀 같은 작물도 전쟁 중에 이미 큰 타격을 입었던 터여서 상황이 여의치 않았어.

여기에다 독립전쟁 비용 조달을 위해 돈을 마구 찍어내고 채권을 발행한 덫이 부메랑이 되어 각 주의 경제를 옥죄는 원인이 되고 있었어. 더욱이 주민들의 삶은 전쟁 후유증을 고스란히 몸으로 받아야만 했잖아. 독립전쟁이 끝나면 나아질 것 같은 기대감은 불만이 되고, 불만은 차츰 이해당사자들 간의 갈등으로 나타났지. 그러다 임계점에 도달한 쪽에서 폭발하기 마련이고. 대표적인 예가 샤이의 반란Shays's Rebellion이야.

1786년 농부인 다니엘 샤이Daniel Shays가 약 1,100명의 농부들을 이끌고 반란을 일으켜. 이유는 빚 때문이야. 그는 독립전쟁 때 무공을 세운 장교였음에도 전쟁이 끝나자 빌린 돈 12달러조차 갚지 못할 만큼 형편이 매우 어려웠어. 그럼에도 주정부는 빚 대신 농장을 가져갔지. 아니 빼앗아갔지. 샤이와 농부들은 주정부에게 빚 갚을 수 있는 시간을 달라고 애원했어. 하지만 매사추세츠 주지사는 이 제안을 거절해. 그리고 한술 더떠서 이들의 집회를 강제해산하는 초강수를 두었어. 그럼 어떻게 되겠어? 굼벵이도 밟으면 꿈틀한다는 속담이 있잖아. 당연히 이들은 반란을 일으켰고, 무기를 탈취하기 위해 무기고로 돌진했지. 그러자 셰퍼드 장군이 이끄는 정부군이 반란군을 향해 발포했어.

상황이 이렇게 되자 영국은 기다렸다는 듯 한 마디 해. 독립, 독립하는데, 독립을 아무나 하나. 하지만 토머스 제퍼슨의 생각은 달랐어. 이런 반란들이 일어나고 하면서 성숙하고 자유의 나무는 자란다, 이런 생각이었거든.

하지만 샤이의 반란은 약한 정부로서는 질서유지조차 할 수 없음을 보여주는 상징적인 사건이었어. 조지 워싱턴은 정부가 사람들의 권리를 보호할 만큼 충분한 힘을 갖고 있지 못함을 우려했고, 많은 사람들이 이 의견에 동의했어. 이에 1787년 2월, 의회는 연합규약 수정 논의를 위한 회의를 필라델피아에서 소집하지.

제헌회의

로드아일랜드를 제외한 모든 주에서 온 55명의 지도자들은 연합규약 수정 문제를 논의하기 시작했어. 훗날 역사는 이 만남을 '제헌회의Constitutional convention'라고 불렀지. 당시 회의 내용이 후세에 알려진 것은 버지니아 대표로 온 제임스 메디슨James

Madison, 1751~1836이 회의 내용을 일일이 기록했던 덕택이야.

각 주의 대표들은 조지 워싱턴을 의장으로 뽑았어. 워싱턴은 기조연설을 통해 대중의 환심을 사는 정책보다는 장차 더 좋게 손질할 수 있도록 국가의 기반을 만들자고 호소했어.

회의는 버지니아 총독 에드먼드 랜돌프Edmund Randolph가 제안한 플랜을 채택해. 이 플랜은 삼권분립제에 기초한 연방제를 구성하는 안이었어. 주정부들이 이미 이 방식으로 구성돼 있었지. 의회는 법을 제정하고, 행정부는 법을 실행하고, 법원은 법적 분쟁을 조정하는, 즉 입법, 행정, 사법의 3권으로 나뉜 제도.

그리고 대표단은 공화제를 채택해. 공화제란 쉽게 말해 주민이 자신들을 대표할 지도자를 선출하는 제도야. 지금 우리나라나 미국 등 대부분의 나라들이 채택하고 있는 형태지. 국민들의 투표로 국가수반인 대통령을 뽑잖아. 대통령제라고 부르지. 반면 영국이나 일본은 왕이 국가의 상징으로 대물림하는 군주제를 채택하고 있어. 이것을 내각책임제라고 부르지.

아무튼 그러면서 주정부들이 하나의 큰 정부 아래 모여 국가연합 형태를 띠는 연방제를 채택했어. 연방제는 중앙정부와 주정부가 권력을 나눠 갖는 형태인데, 국방이나 외교 같은 일은 국가중앙정부가 맡고, 상수도나 학교급식 같은 생활밀착형 정책은 주정부가 책임지는 방식이지.

다만 의원 수에 대해서는 이견이 많았어. 메디슨이 의회에 참가하는 각 주의 의원 수를 각 주의 인구수에 근거해 선출하자고 제안했거든. 그러면 인구가 많은 큰 주는 작은 주보다 의회에서 더 많은 투표권을 갖게 되겠지. 이에 대해 작은 주들의 반발은 당연하잖아. 작은 주들은 대신 윌리엄 패터슨William Paterson이 제안한 뉴저지 플랜을 지지했어. 뉴저지 플랜은 주의 크고 작음에 관계없이 모든 주에 동등하게 권한을 주자는 것이야. 대표단은 이 플랜들을 놓고 격렬하게 논쟁을 벌였지. 그러나 해결이 안 났어. 그러자 코네티컷 출신의 로저 셔먼Roger Sherman이 타협안을 내놓았지. 의회를 양원으로 나누고, 한 의회 즉 상원에서는 각 주가 똑같은 숫자의 의원을 갖고, 또 다른 의회인 하원에서는 의원 수를 각 주의 인구수에 근거해서 선출하자는 것이었어. 대표단은 이 타협안을 받아들여 일단락 지었어. 그래서 역사는 셔먼의 절묘한 제안을 '대타협'이라고 부르는데, 그럴 만하지?

제헌회의가 직면한 또 다른 문제는 노예제였어. 남부는 노예를 주의 인구로 간주하기를 원했거든. 노예를 인구수에 포함시키면 하원에서 더 많은 의원을 갖기 때문이지. 하지만 북부는 반대했어. 노예는 재산이지 시민이 아니라는 주장이었지. 사실 이것도 참 이율배반적이야. 미국 교과서에서는 이에 대해 특별히 설명하지는 않지만, 노예를 인구수에 포함한다는 것은 자신들과 똑같은 국민으로 대우하겠다는 의미야. 하지만 속내는 그렇지 않아. 남부의 노예 소유주들에게 있어 노예는 단지 사고파는, 또 맘대로 할 수 있는 재산에 불과한 존재지. 그런데 인구수에 넣자? 속보이는 짓이지. 또 북부 대표도 그래. 노예문제에 대해 좀 진보적 생각을 갖고 있지만 자신들에게 불리하니까 재산에 불과하다고 주장하잖아. 이 문제는 실질적인 노예제 존속 여부에 대한 토론에서 적나라하게 입장차가 드러나. 남부는 노예무역이 계속되지 않는다면 새 정부를 받아들일 수 없다고까지 말해. 결국 노예제를 둘러싼 논쟁은 또 다른 타협안인 '5분의 3 규칙'을 만들어 냈어. 5명의 노예를 3명의 자유민으로 간주하는 것이었지. 그리고 노예제를 1808년까지 계속 허용하기로 하고.

헌법 비준

1787년 9월 17일, 무덥고 후텁지근한 여름임에도 불구하고 제헌회의는 새 정부 플랜을 마무리하고 아메리카합중국 헌법의 최종안에 서명했어. 이제 공은 각 주로 넘어갔지. 제헌회의의 합의 ^{헌법}가 연방제 정신을 담아 효력을 발휘하기 위해서는 13개 주중 적어도 9개 주 이상이 비준해야만 했어. 각 주에서는 이 연방제 헌법을 비준할 것인지 말 것인지를 결정하는 회의를 열 수밖에. 그런데 많은 사람들이 연방제 헌법에 충격을 받았어. 강력한 중앙정부제가 자유를 위협할 것이라고 생각했던 거지. 그래서 연방헌법이 바뀌기를 바라는 여론이 일었어. 연방주의자들 발등에 불이 떨어졌지. 열심히 만든 플랜이 물거품이 될지도 모르는 상황이었어. 그래서 메디슨과 알렉산더 해밀턴Alexander Hamilton,

미 연방 헌법 미국 연방헌법 원문 첫 페이지.

존 제이John Jay 등이 대중들에게 헌법에 관해 설명하기 위해 '연방주의자'라고 제목이 붙여진 일련의 에세이를 써. 연방제가 어떻게 작동하고, 왜 연방정부가 필요한지에 대해 역설하는 내용이었어. 그러나 반연방주의자들은 헌법이 권리장전Bill of Right을 갖고 있지 않아서 자유가 제한될지도 모른다고 우려했어. 그러자 매디슨과 연방주의자들은 권리장전을 추가할 것을 약속했어.

한편 각 주들은 연방헌법의 비준 문제를 다루었지. 델라웨어

주가 가장 먼저 비준했고, 뉴햄프셔 주가 1788년 6월 아홉 번째로 비준함으로써 최소 9개 주의 비준 조건을 확보했어. 이에 비로소 헌법은 연방정부의 최고법이 되었지. 그리고 최종적으로 제헌회의에 대표단을 파견하지 않았던 로드아일랜드가 1790년 5월에 어렵게 비준을 마침으로써 13개 주 모두가 비준했어.

1776년 7월 8일, 독립선언문을 낭독하기 위해서 울렸던 '자유의 종'은 헌법 비준을 마쳤음을 알리기 위해 또 울렸어. 나라 이름은 'The United States of America'. 그냥 아메리카라고 하면 될 걸 복잡하게 만들었느냐고 의아해 할 수도 있으나 이 이름 안에는 여러 가지 의미의 미국의 정체성이 함축되어 있어. 사람들은 아메리카 하면 으레 미국으로 이해하는데, 정확한 건 아니야. 주가 실질적인 나라 역할을 하고 있긴 하지만 그런 주들이 모여 연합된 하나의 나라가 된다는 의미에서 'The United States'를 붙여 'The United States of America'로 정한 거래. 아메리카 대륙에 있는 주들의 연합체 국가, 이걸 우리말로 해석하면 '아메리카합중국' 또는 '미합중국', 줄여서 '미국'이라고 하지.

헌법이 담고 있는 정신

"우리 합중국 국민은 보다 완벽한 연합을 결성하고, 정의를 세우고, 국내의 평안을 보장하고, 공동방위를 도모하고, 공공복지를 증진하고, 그리고 우리와 우리 후손들의 자유의 축복을 보장하기 위해 이 아메리카합중국 헌법을 제정한다."

미국 헌법의 전문은 이렇게 시작해. 이게 특별한 의미를 지닌다고 미국 교과서에서는 말해. '우리 합중국 국민'이란 주어로 시작하는 데서 국민이 정치적 결정권을 갖는 민주주의 정부라는 점을 상징적으로 보여주기 때문이래.

헌법 전문에는 국가를 위한 목적이 열거돼 있어. 국민이 안전한 나라, 함께 평화롭게 살 수 있는 나라, 그리고 좋은 삶을 살 수 있는 나라. 헌법의 나머지 부분은 어떻게 정부를 운영할 것인지에 대한 내용들을 담고 있어. 헌법은 국가를 입법부, 행정부, 사법부 3부로 나눴어. 입법부는 법을 제정하는 의회인데, 상원과 하원의 양원으로 나뉘지. 상원은 각 주에서 두 명씩 선출하고, 하원은 각 주의 인구수에 따라 한 명 또는 여러 명을 뽑아. 법을 집행하는 행정부의 수장은 대통령이야. 이건 우리나라도 마찬가지지. 미국시민들은 4년에 한 번씩 대통령을 뽑아. 사법부는 법의 준수 여부에 대해 판결하는 기관으로 최고법원은 대법원이야.

또한 제헌회의는 삼권 중 특정 부가 더 강한 권력을 갖는 것을 막기 위해 견제와 균형의 제도를 마련했어. 대통령은 조약을 만들고 법관을 임명하고 법률에 대한 거부권을 갖고, 의회는 대통령이 임명한 법관과 조약을 거부할 수 있고 전쟁 선포권을 갖고, 대법원은 법률이 헌법정신에 맞는지 아닌지를 결정하지. 이렇게 상호순환적 관계를 맺게 함으로써 서로 견제하여 균형을 유지하게 하는 거야. 그리고 헌법은 주의 법보다 연방정부의 법을 더 우위에 두어서 주법과 연방법이 충돌할 때 연방법이 우선하도록 했어.

헌법 수정

헌법 작성자들은 국가는 성장하고 변하기 때문에 그들이 만든 헌법이 만고불변의 진리라고 여기지 않았어. 그래서 수정조항을 첨가할 수 있도록 이미 배려를 해놓았지. 수정조항을 첨가하려면 하원과 상원의 재적의원 3분의 2 이상의 찬성으로 제안할 수 있고, 주의 4분의 3 이상이 비준하면 수정조항이 공식적으로 받아들여져.

【미국 헌법의 수정 방법】
미국 헌법은 본문은 그대로 둔 채 필요한 조항을 첨가하는 방식으로 수정해. 그래서 1787년 제정된 미국 헌법 전문은 단 한 번도 수정되지 않고 오늘날까지 이어지는 세계에서 가장 오래된 헌법이야. 그러나 헌법 제정 당시부터 권리장전 문제가 대두되는 등 수정의 필요성이 제기되었고, 시대정신을 반영하여 필요할 때 수정 조항을 추가해왔는데, 지금까지 모두 27개의 새로운 조항이 추가 되었다고 해.

그런데 최초의 연방제 헌법이 발표되었을 때 많은 미국사람들이 걱정했던 것이 헌법에 권리장전이 없다는 것이었잖아. 그래서 어떻게 하지? 수정조항을 첨가하겠다고 약속하잖아. 이에 따라 1791년 권리장전으로 알려진 개인이 보호받아야 할 10개항의 권리를 열거한 수정조항이 비준되지. 국가 권력에 대한 시민권이 헌법에 의해 보장되기 시작한 거야.

그렇지만 헌법은 모든 미국 국민의 권리를 보호하지는 못했어. 아프리카계미국인, 즉 흑인 노예에 대한 문제가 남아 있었지. 몇몇 주에서는 여전히 땅과 돈을 갖고 있는 백인 남성에게만 투표권을 주는 차등선거를 채택하고 있었거든. 그러나 민주주의에 대한 생각이 점차 바뀌면서 헌법에도 그런 변화된 생각을 반영하려고 수정조항을 첨가하지. 수정조항은 모든 인종을 초월하여 남녀 모두가 투표권을 갖는 평등선거가 되도록 했어. 이렇게 미국은 헌법을 제정, 공포함으로써 국가를 세우기 위한 모든 준비를 마쳤지.

초대 대통령 워싱턴

미합중국은 헌법에 따라 정부 구성에 들어갔어. 1789년 1월, 상, 하 양원의 의원을 뽑는 총선거를 통해 연방의회를 구성하고, 선거인단은 조지 워싱턴을 미합중국 첫 대통령으로 선출했어.

1789년 4월 30일, 월스트리 트가 굽어보이는 미국 임시정 부 청사 페더럴 홀. 마운트버논 에서 말을 타고 뉴욕에 입성한 조지 워싱턴 초대 대통령이 오 른손을 성경 위에 올려놓았어. 뉴욕 재판소장 로버트 리빙스 턴Robert Livingston이 워싱턴에 게 물었지.

조지 워싱턴 미국 초대 대통령.

"당신은 미국의 대통령직을 성실하게 수행하고 미국의 헌법과 국 민의 권리를 수호할 것을 맹세합니까?"

워싱턴이 대답했어.

"예, 엄숙히 맹세합니다."

이렇게 혈연에 따른 세습이 아닌 국민이 뽑은 국가원수가 미 국 대통령으로 공식 취임했어. 이건 민주주의 역사에서 매우 중 요한 의미를 가지지. 아울러 공화제가 실질적으로 작동하는 시 발점이 되었어. 워싱턴은 의회에서 정한 행정부 각 분야를 맡을 장관Secretary을 임명했어. 내각Cabinet이라고 하지. 국무장관에는 토머스 제퍼슨, 재무장관에는 알렉산더 해밀턴Alexander Hamilton, 전쟁부장관에는 헨리 녹스Henry Knox, 법무장관에는 에드먼드 란돌프Edmund Randolph가 각각 기용됐어.

그런데 각료 중 해밀턴과 제퍼슨이 늘 의견을 달리해 논쟁을 벌였어. 해밀턴은 무역과 생산을 떠받칠 수 있는 강력한 정부를 원했고, 제퍼슨은 정부는 주의 권리를 침해하지 않도록 제한되어야 한다는 입장이었지. 그러나 둘 다 정당의 필요성에 대해서는 공감했어. 그래서 제퍼슨을 지지하는 사람들은 민주공화당Democratic-Republican Party을, 해밀턴을 지지하는 사람들은 연방주의자당Federalist Party을 만들었어.

그러면서 해밀턴은 버지니아와 메릴랜드 사이 포토맥 강가에 새 수도를 건설하자는 제퍼슨의 제안을 지지했어. 대가로 제퍼슨은 전쟁 빚을 갚으려는 해밀턴 플랜에 동의해주긴 하지만.

새 수도의 위치는 워싱턴 대통령이 직접 선택했어. 앤드루 엘리코트Andrew Ellicott와 벤저민 배네커Benjamin Banneker 두 천문학자가 땅을 측정했고, 프랑스 엔지니어 피에르 랑팡Pierre L'Eafant이 설계했지. 1792년부터 건설하기 시작했어. 도시이름은 초대 대통령을 기리는 의미로 '워싱턴'으로 정했어. 정식명칭은 '워싱턴 콜럼비아 특별구District of Columbia', 줄여 워싱턴D.C..

한편 두 번 연임한 워싱턴은 한 번 더 하라는 권유를 뿌리치고 퇴임해. 미국 대통령의 연임 전통은 여기서 비롯됐지.

존재감 없는 존 애덤스

워싱턴의 뒤를 이어 존 애덤
스John Adams와 토머스 제퍼슨
Thomas Jefferson이 순차적으로
대통령이 되는데, 2대 대통령 존
애덤스에 대해서는 미국 교과서
가 그다지 관심을 나타내지 않은
것 같아. 미국 정치사에서 걸출
한 족적을 남긴 초대 대통령 조
지 워싱턴과 3대 대통령 토머스

존 애덤스 미국 2대 대통령.

제퍼슨 사이에 끼어 있는 데다 역사적 평가가 그다지 좋지 않은
탓이지. 6대 대통령 존 퀸시 애덤스John Quincy Adams가 그의 아
들로, 이들은 미국 역사상 최초의 부자 대통령이었어. 최근에 기
념관 건립이 추진된다는 얘기가 들리면서 다시 조명되고 있어 관
심을 끌긴 해.

그러나 그의 업적을 뜯어보면 미국 건국에서 큰 역할을 한 지
도자였다는 사실을 알 수 있어. 아울러 미국 정당사의 출발점을
만든 장본인이라는 점도. 토머스 제퍼슨이 작성한 것으로 알려진
미 독립선언문이 벤저민 프랭클린과 존 애덤스가 상당 부분 손
질하였다는 사실 알고 있지? 애덤스는 당시 그 누구보다 깊고 폭
넓은 지식을 가진 인물로 인정받았어. 1765년 인지조례 반대투

【XYZ 사건】
독립전쟁 때 미국을 도와준 프랑스가
영국과 전쟁 하면서 미국에 도움을 요
청해. 그런데 미국은 중립을 선언하지.
그러자 프랑스가 영국 물품을 실은 배
를 나포하겠다고 으름장을 놓자 애덤
스는 프랑스와 관계 개선의 필요성을
느껴 3명의 협상단을 보내. 그런데 당
시 프랑스 외무장관이 특사들에게 막
대한 액수의 뇌물을 요구했던 사실을
애덤스가 폭로해. 이 사건으로 미국인
들은 프랑스에 분노하였고, 제퍼슨을
포함한 공화파가 역풍을 맞지. 제퍼슨
등 공화파는 친프랑스, 애덤스 등 연방
파는 친영파. 이 사건의 이름을 'XYZ
사건'이라 한 것은 협상단의 이름을
공개하지 않고 XYZ로 썼기 때문이야.

쟁으로 정계에 발을 들여놓은 애덤스는 독립혁명 때에는 제퍼슨과 친했지만 독립 이후에는 생각 차이로 인해 정적관계가 되지.

당시에는 득표순으로 대통령과 부통령이 되었어. 이들이 대통령직을 놓고 경쟁을 벌이다 대통령과 부통령이 되었으니 손발이 맞을 리 없지. 제퍼슨이 애덤스를 도와주기는커녕 사사건건 시비를 걸잖아. 하지만 'XYZ사건'으로 애덤스가 정치적 승리를 거둬. 애덤스를 중심으로 하는 연방파는 공화파의 입지를 깔아뭉갤 요량으로 아예 '선동방지법Sedition Acts'을 만드는데, 이 법은 애덤스에게 부메랑이 되었어. 이 법에 반발해 공화파가 결속하여 3대 대통령 선거에서 제퍼슨을 당선시켰거든.

제퍼슨과 루이지애나 구입

1800년, 아주 드라마틱하게 토머스 제퍼슨이 미국의 3대 대통령으로 당선돼. 민주공화당오늘날 민주당의 전신의 대통령 후보로

알렉산더 해밀턴의 캐스팅보트로 3대 대통령에 당선된 토머스 제퍼슨(오른쪽).

나선 제퍼슨과 애런 버Aaron Burr는 각각 73표씩 획득했어. 동점
이면 어떻게 했을까? 그렇지. 결선투표를 하지. 하지만 무려 서른
여섯 차례나 거듭해서 투표를 했음에도 결판이 나지 않았어. 그
러자 두 사람을 모두 미워했던 알렉산더 해밀턴Alexander Hamilton
이 "그래도 버보다는 제퍼슨이 낫다"는 말을 남기고 캐스팅보트
를 행사해서 제퍼슨이 당선되었어. 이 일로 버와 해밀턴 사이는
가뜩이나 나빴는데 더 악화돼 결투까지 벌여. 부통령 임기를 마
친 버가 뉴욕 주지사 선거에 뛰어들자 해밀턴이 그를 맹비난하
며 주지사 당선을 가로막았지. 그러자 버는 해밀턴에게 결투를
신청하였고, 둘은 권총을 겨누고 맞서. 해밀턴은 총을 허공으로
쏘았고 버의 총알은 해밀턴의 생명을 앗았어. 유명한 결투지. 그

런데 살아남은 버 역시 비겁한 사람으로 낙인 찍혀 정치생명을
다했대.

제퍼슨은 존 애덤스John Adams와는 다른 정당 출신이어서 요즘
말로 정권교체였지. 이런 평화적인 정권교체는 남다른 의미가 있
어. 우리가 배운 왕조사를 보면 왕의 자리를 두고 벌어지는 권력
투쟁은 말할 것도 없고, 같은 성씨로 대물림하던 것이 다른 성씨
로 넘어가면 흔한 말로 '역성혁명易姓革命', 왕의 성을 바꾸는 일,
그냥 순순히 넘어갔겠어. 피비린내가 진동했지. 그런 점에 비추
어 평화적인 정권교체라는 사실은 미국역사 발전에서 또 하나의
이정표를 만든 셈이야.

제퍼슨이 대통령으로 있으면서 이룩한 업적 중 가장 눈에 띄는
것은 누가 뭐래도 프랑스로부터 루이지애나를 구입한 점이야. 당
시 루이지애나는 오늘날 루이지애나 주와 달리 미시시피 강 유
역의 210만㎢에 달하는 방대한 땅이었어. 이곳은 미국인들에게
는 미지의 땅이었지. 이 땅은 프랑스 라 살La Salle, 1643~1687이
먼저 탐험했다는 이유로 프랑스령이 됐었어. 그땐 먼저 차지하는
사람이 임자였잖아. 이후 1763년에 일어난 '프렌치 인디언 전쟁'
에서 프랑스가 패하면서 미시시피 강을 경계로 동쪽은 영국, 서
쪽은 스페인이 차지해. 그런데 미시시피 강은 내륙 개발과 교통
에서 매우 중요한 역할을 했으므로 미국은 어떻게든 이 지역에
대한 이용권을 확보하기 위해 노력했었지. 그런데 제퍼슨이 대
통령에 당선되던 해인 1800년에 프랑스는 스페인과 '산 일데폰

루이지애나 구입 미국이 프랑스로부터 1,500만 달러에 사들인 루이지애나.

소 비밀조약Secret Treaty of San Ildefonso'을 체결하여 미시시피 강
서쪽 지역이 다시 프랑스령이 돼. 그러자 제퍼슨은 1795년 스페
인과 맺은 '핀크니 조약Pinckney's Treaty'에 따라 미시시피 강에서
자유로운 항해와 그 하구에 위치한 뉴올리언스New Orleans 항의
자유로운 이용을 보장받은 바 있지만 안정적인 이용권을 확보하
기 위해서는 다시 주인이 된 프랑스와 교섭을 벌여야 했어. 그래
서 제퍼슨은 프랑스에 주재하고 있던 리빙스턴Robert R. Livingston,
1746~1813에게 훈령을 보내 프랑스와 교섭을 추진하라고 지시
했지. 그런데 당시 프랑스 권력자 나폴레옹Napoleon Bonaparte,
1769~1826은 아예 루이지애나를 통째로 사라고 해. 나폴레옹 입
장에서는 캐나다에 있던 영국군이 침공하면 막기가 쉽지 않을 뿐

만 아니라 영국과 전쟁을 위해 돈도 많이 필요했던 거야. 그리하여 미국은 1803년 4월 30일 프랑스와 루이지애나 매입 조약을 체결해. 가격은 1,500만 달러. 시쳇말로 헐값에 루이지애나를 손에 넣었지. 미국의 영토는 배로 늘었어. 이후 루이지애나는 서부 개척의 교두보가 되면서 제값을 톡톡히 해내.

싼 값에 루이지애나를 구입하기는 했지만 어떤 곳인지는 알지 못했어. 그래서 제퍼슨은 그곳을 조사할 원정대를 파견해. 제퍼슨은 원정대장으로 메리웨더 루이스Meriwether Lewis를 뽑고, 루이스는 친구 윌리엄 클라크William Clark를 초빙하지. 이들에게 세 가지 임무가 떨어졌어. △ 서부의 지형, 식물, 동물, 그리고 기후에 관한 정보를 수집할 것, △ 서부 인디언들의 문화를 연구할 것, △ 미주리와 콜롬비아 강을 탐험할 것. 그러면서 제퍼슨은 원정대가 태평양으로 이어지는 수로도 발견하길 기대했었지.

1804년 5월 루이스와 클라크는 군인들로 구성된 30여 명의 개척단The Corps of Discovery과 함께 세인트루이스St. Louis를 떠나 위험한 여행을 시작했어. 개척단에는 식용과 약용 식물 수집 일을 맡은 쇼쇼니족 인디언인 사카가위아Sacagawea라는 통역자도 있었지. 탐험하면서 만나게 되는 인디언들과 원만한 관계를 유지하려면 의사소통은 필수. 그런 점에서 통역자의 역할은 매우 중요하지. 사카가위아의 공로는 무척 컸어. 미국 교과서에 그녀의 이름이 따로 나올 정도니까. 개척단은 미주리 강 상류로, 로키 산맥 너머로, 그리고 콜롬비아 강 하류를 거쳐 태평양으로 행군

해 나갔지. 탐험대는 1806년 11월 제퍼슨에게서 부여받은 임무를 완성하고 세인트루이스로 돌아왔어. 그들은 무려 8,000마일이나 걸었대. 그리고 탐험과정에서 보았던 땅과 만났던 사람들에 대해 자세한 조사기록을 작성해. 비록 직접 태평양에 이르는 수로는 존재하지 않았지만 개척단은 로키산맥을 지나 대륙을 건널 수 있다는 것을 증명했었지.

또 1805년 20명의 남자를 이끌고 제뷰런 파이크Zebulon Pike 탐험대가 미주리 강 상류로 떠나. 파이크 탐험대는 세인트루이스에서 노스미네소타까지 조사했어. 조사하면서 파이크는 높은 산에 오르려고 했지만 실패하는데, 그 산 정상이 지금 콜로라도의 랜드마크가 된 그 유명한 파이크피크Pike Peak야. 어쨌든 루이스와 클라크, 파이크의 조사는 서부로 가는 길을 만든 셈이지.

프런티어 탐험

유럽에서 온 이민자들은 주로 대서양과 애팔래치아 산맥 사이의 동쪽 해안 지역에 정착했어. 그럴 수밖에 없었던 것은 배를 타고 와서 해안에 내려 가까운 곳에 진을 쳤을 테니까. 그런데 애팔래치아 산맥이 북에서 남으로 가로놓여 있었지. 애팔래치아 산맥은 캐나다 퀘벡 주에서 미국 앨라배마 주까지 내리뻗는 어마어마한 산맥이야. 동과 서를 나누는 자연장벽인 셈이지. 나누기만 하는 것이 아니라 소통도 가로막았어. 이주민들이 이 산맥 너머 서쪽으로 진출하기란 결코 쉬운 일이 아니었어. 그런데 1763년 폰티악Pontiac 추장의 반란이 일어나자 영국 왕 조지 3세가 인디언과 불필요한 마찰을 없앤다는 이유에서 선언문을 발표하잖아. 이민자들은 애팔래치아 산맥 서쪽에 정착하지 말라고. 하지만 이주민들의 마음은 달랐어. 하지 말라고 하면 더 하고 싶어지듯 이들은 이 산맥을 넘으려는 시도를 계속했지. 그런데 독립전쟁의 결과 영국이 차지하고 있던 애팔래치아 산맥 서쪽 땅오대호부터 미시시피 강에 이르는 광활한 땅이 미국 소유가 됐어. 그래서 많은 사람들이 눈독을 들이고 있었지. 다니엘 분Daniel Boone도 그런 사람 중의 하나였어. 1769년 그는 몇몇 사람들과 함께 버지니아에 있는 애팔래치아의 좁은 길을 통해 인디언들의 흔적을 따라갔어. 쿰버랜드 골짜기Cumberland Gap 건너편에서 인디언들이 농사짓고 사냥했던 땅을 발견하지. 분은 이 땅에서 살기를 바랐어. 분은 아내와 아이를 비롯한 가족들을 데리고 애팔래치아 산맥을 넘어 켄터키의 헤로즈버그Harrodsburg와 분스버러Boonesborough 같은 도시를 만들었어. 이렇게 분과 같은 개척자가 길을 닦아놓자 18세기 후반에는 수천 명의 사람들이 애팔래치아 산맥을 넘었어. 그들은 오하이오나 미시시피 강 계곡에 있는 질 좋고 값싼 농장과 새로운 기회를 찾았지. 그런데 그곳에 살던 쇼니족Shawnee, 촉토족Choctaw, 체로키족Cherokee과 땅을 놓고 싸우게 됐어.

또 한 무리의 이주민들이 가족과 함께 마차 가득 식량과 물품을 신고 서부로 향했어. 바위투성이의 흙먼지 길을 걷고 걸어 프런티어에 도착한 그들은 땅을 일구기 시작했지.

1812년 전쟁

영국과 프랑스가 전쟁 중이던 1808년에 미국에서는 제임스 메디슨James Madison이 대통령에 당선되었어. 당시 유럽은 절대왕정의 앙시앵레짐Ancien regime, 구체제을 붕괴시키고 공화제를 수립한 프랑스 혁명1798년의 영향을 받을까 봐 전전긍긍하고 있었지. 가장 좋은 방법이 뭐겠어. 프랑스를 혁명 이전의 단계로 돌려놓는 것. 그래서 오스트리아가 먼저 총대를 메고 프랑스에 대해 간섭하지. 그러자 프랑스 혁명정부는 오스트리아에 선전포고를 했어. 1793년 영국을 중심으로 제1차 대프랑스 동맹이 결성되자 그렇잖아도 어수선하던 프랑스는 위기에 빠지지. 1798년 제2차 대프랑스 동맹이 결성되자 프랑스는 더욱 열세에 놓이게 됐어. 이런 상황에서 이집트 원정에서 귀환한 보나파르트 나폴레옹Bonaparte Napoleon이 최고 권력을 장악하지. 나폴레옹의 반격으로 프랑스는 오스트리아와 '뤼네빌 조약Peace of Lunéville,1801년'을, 영국과 '아미앵 조약Treaty of Amiens, 1802년'을 맺고 전쟁을 끝내. 그렇지만 평화는 오래가지 않았어. 1803년에 다시 영국과 프랑스는 전쟁 상태에 들어갔지.

전쟁이 일어날 당시 미국의 제퍼슨 대통령은 루이지애나 매입은 물론 국무장관 시절 프랑스 원조를 고려할 만큼 프랑스에 대해 우호적 입장이었으나 중립을 지키지. 하지만 영국과 프랑스가 가만 두겠어. 미국을 서로 자기편으로 끌어들이려고 안간힘을 써. 그런데 이 과정에서 영국이 무리수를 뒀어. 미국과 프랑스 간의 교역을 방해할 뿐만 아니라 영국 도망병을 체포한다는 명목으로 공해상에서 미국 선박을 검색하고 심지어 미국인을 체포까지 해. 또 일부 영국 선원들이 돈을 더 많이 주는 미국 배에서 일했는데, 영국 관리들은 영국 선원들을 찾기 위해 정박 중인 미국 배를 급습하고, 때때로 미국 선원들을 붙잡아 대신 영국 해군에서 복무하도록 강요했었지. 이것을 '강제징용'이라고 부르는데, 상황이 이 지경이 되자 가만있을 사람이 어디 있겠어. 그래서 제퍼슨은 1807년 영국에 대한 경고수단으로 미국 선박의 외국 출항을 금지하는 '출항금지법Embargo Act'을 제정하지. 미국에서 스스로 교역을 중단하는 조치를 취한 거야. 이 상황에서 제퍼슨의 뒤를 이은 메디슨 대통령 또한 미국이 중립에 머물기를 원했어. 그의 속셈은 영국, 프랑스 모두와 계속 교역하려는 거였거든.

그러나 미국과 영국의 갈등이 서로 적으로 만들었어. 1810년 의회의 매파가 영국에 맞서 전쟁을 해야 한다고 주장했어. 매파는 강제징용은 물론 프런티어에서 인디언과 이주민 사이의 싸움에 대해서 분노하고 있었거든. 그런데 인디언 부족들은 자신들이 살고 있는 땅에 이주민들이 오지 못하도록 약속하는 조약을 미국 정부와 수없이 체결했지만 번번이 깨져서 화가 나 있었어. 이 때 쇼니족Shawnee 추장인 티컴서Tecumseh가 행동에 나서지. 그는 애팔래치아 산맥 서쪽에 사는 모든 인디언 부족들이 통합하여 함께 행동에 나서면 이주민들을 충분히 쫓아낼 수 있다고 믿었어. 이런 믿음에 확신이 들자 많은 인디언들이 티컴서와 결합하여 반란을 일으키지. 이때가 1811년. 인디애나 영토인 티피커누 강Tippecanoe River 근처에 살고 있던 티컴서와 1,000여 명의 추종자들이 총독인 윌리엄 해리슨William H. Harrison과 맞붙었어. 그런데 티피커누 전투 이후 티컴서는 영국 동맹에 가담하기 위해 캐나다로 갔어. 상황이 이렇게 전개되자 미국 의회는 1812년 6월 18일 영국에 대해 선전포고를 해. 미국은 영국에 대해 군인들의 강제징용을 중단할 것과 이주민들과 싸우는 인디언들에 대한 지원을 중지할 것을 요구하는 한편 영국이 캐나다에서 철수하기를 원했지.

전쟁 초기의 전투는 대부분 캐나다 근처에서 일어났었어. 미군은 수차례 캐나다를 침공하려고 하였으나 반대로 일격을 당했는데, 영국과 인디언 동맹은 캐나다 국경 근처의 중요한 요충지인 디트로이트를 점령해. 하지만 전쟁이 계속됨에 따라 미군이 분발하지.

한편 티컴서는 템즈 전투에서 전사. 크리크족Creek과 체로키족Cherokee 등 몇몇 부족들은 아메리카 편에 서기도 했지.

영국의 침공

1814년 영국은 워싱턴D.C.를 공격했어. 영국군이 대통령 관저로 향하자 퍼스트레이디인 돌리 메디슨Dolley Madison이 재빨리 주요 서류들을 모아 안전한 곳으로 옮겨. 그런데 그녀는 가족들의 귀중품 대신 초대 대통령 조지 워싱턴의 초상화를 꼭 챙겼다고 해. 존경심이지. 메디슨 대통령과 각료들은 워싱턴D.C.를 떠나 피난길에 올랐고, 영국군은 워싱턴D.C.에 있는 대통령 관저를 불태웠어. 대통령 관저가 백악관White House으로 불리게 된 것은 나중에 불탄 관저를 수리할 때 하얀색 페인트를 칠한 데서 연유됐다고 해.

한편 매킨리McHenry 요새를 공격하려고 볼티모어 항에 정박하고 있던 영국 함대에 포로 한 명이 타고 있었어. 변호사인 프랜시스 스콧 키Francis Scott Key, 1779~1843. 그는 이른 아침 평온한 요새 위의 깃대에서 성조기가 펄럭이고 있는 것을 보았어. 알 수 없는 감동과 영감에 그는 '매킨리 요새의 방어The Defense of Fort McHenry'라고 제목을 붙인 시를 썼어. 이 시는 후에 노래로 만들어졌고, 미국의 공식 국가가 되지. 바로 그 유명한 '성조기여 영원하라The Star-Spangled Banner'.

그런데 이때 미국의 만만찮은 전투력을 확인한 영국은 당황하여 더 이상 전쟁을 끈다는 것은 무리라는 판단이 들었지. 미국 역시 자칫 연방에서 탈퇴하려고 기회만 엿보는 반연방주의자들에게 잘못하면 반격의 기회를 줄지도 모른다는 위기감이 있었어. 때마침 민병대 소장인 앤드루 잭슨Andrew Jackson이 뉴올리언스 공격에서 승리하자 상황은 급반전, 분열은 물밑으로 가라앉았었지. 그러자 전쟁에서 이겨 분위기가 좋을 때 전쟁을 끝내는 것이 여러 모로 좋다는 인식이 미국 정부에 들었어. 이런 양 당사자 간의 이해관계가 맞아떨어져서 미국과 영국은 1814년 벨기에의 겐트Ghent에서 평화협정에 조인함으로써 전쟁을 끝내지.

1812년 전쟁이 끝나자 미국에는 평화와 번영의 시기가 찾아왔어. 이름 하여 '우호의 시대The Era of Good Feelings'. 이때 사람들은 국가에 헌신해야 한다는 새로운 국가관을 가지면서 국기에 대해 보다 많은 관심을 갖게 했지. 1818년 의회는 국기에 얼마나 많은 줄과 별을 넣을지 규정하는 법을 통과시켰어. 줄은 13개 식민지란 의미에서 13개로, 주를 나타내는 별은 새로 주가 편입될 때마다 하나씩 추가하기로 하는데, 현재 50개.

한편 1816년 대통령에 당선된 제임스 먼로James Monroe는 유럽 국가들이 아메리카를 침공할까 봐 걱정했는데, 특히 스페인이 아메리카에서 옛 식민지를 빼앗으려고 노력할지도 모른다고 우려했었어. 그는 1823년 의회 연설에서 유럽 국가들이 남, 북아메리카에서 나가 줄 것을 요구하지. 대신 미국은 유럽 국가들 싸움에 개입하지 않겠다고 선언해. 이 새로운 외교정책을 '먼로독트린Monroe Doctrine'이라고 불러.

올드 히코리, 잭슨

미영전쟁은 미국역사에서 매우 중요한 전환점이었어. 대중의 우상이었던 앤드루 잭슨이 대통령에 당선되는 기염을 토한 것. 잭슨의 대통령 당선은 남다른 의미를 지니고 있어. 잭슨이 어떤 사람인지 알아보면 내가 그의 당선에 지나치게 의미부여를 하고 있는 이유를 알 거야.

1767년 사우스캐롤라이나의 정착촌에서 태어난 잭슨은 아일랜드계로, 가정 형편이 어려워 학교도 제대로 다니지 못했어. 그렇지만 그는 독학으로 변호사가 되는, 스물네 살 때 이혼하지 않은 유부녀와 눈이 맞아 그녀 남편과 결투까지 벌이는, 그런 인물이지. 목적을 위해서는 조금도 양보심이 없는 독한 사람이었어. 그런 그가 테네시 주 하원의원을 거쳐 연방법원 판사를 지내는 등 비교적 조용히 지내다가 일약 스타가 된 것은 바로 1812년 미영전쟁 때였어. 이 전쟁 막바지 즈음 잭슨은 민병대에 참여하였다가 정규군의 지휘관이 돼. 애초 군인이 적성에 맞다고 생각해 온 그는 '올드 히코리old hickory' 부대를 맡으면서 물을 만난 물고기가 되었지. '올드 히코리'는 나중에 잭슨의 별명이 되는데, 히코리는 테네시 주 숲에서 자라는 내구성이 강하고 단단해 주로 지팡이 재료로 쓰이는 나무야. 타협할 줄 모르는 완고한 성격의 잭슨에게 딱 어울리는 별명이지?

이 부대를 이끌고 잭슨은 영국과 연대하고 있는 크리크 인디언을 물리치는 한편 1815년 뉴올리언스 전투에서 혁혁한 공을 세워. 미군 사상자가 수십 명에 불과했지만 영국군은 무려 2천여 명이 사망한, 미국역사상 최대의 승리로 평가 받는 전과를 올리지. 그럼 어떻게 될까? 잭슨은 워싱턴에 버금가는 영웅이 되었고, 일약 전국적인 인물로 부상했지. 전국적인 인물이 되면, 그 다음은 대부분 대통령 후보로 거론되지. 그래서 잭슨은 1824년 선거에 출마해. 상대는 존 퀸시 애덤스John Quincy Adams. 애덤스는 잭슨과 달리 앞선 대통령들처럼 버지니아의 부유한 귀족 가문 출신으로, 앞에서 얘기했듯 존 애덤스 2대 대통령의 아들이야. 그래서 보통사람과 귀족 출신이 맞붙지. 하지만 잭슨은 소위 '더러운 흥정Corrupt bargain'으로 고배를 마셔. '더러운 흥정'이란, 당시 선거 결과 잭슨이 퀸시 애덤스보다 4천여 표 앞섰고, 선거인단 투표에서도 99대 84로 우세했어. 그러나 선거인단 수에서 과반수를 득표하지 못하면 하원이 대통령을 뽑는다는 규정에 따라 하원에서 대통령을 뽑게 되는데, 3위 득표자인 하원의장 헨리 클레이Henry Clay가 애덤스를 지지하면서 전세는 역전돼 잭슨이 고배를 마신 거야. 선거 후 애덤스는 밀약대로 클레이를 국무장관에 앉히는데, 비밀이 영원히 지켜지나? 애덤스와 클레이가 뒷거래를 통해 밀약했다는 사실이 드러나고 이런 사실을 접한 잭슨은 이를 '더러운 흥정'이라고 비난하지.

애덤스에 대해 호의를 갖고 있던 잭슨은 이 일로 애덤스에게서 완전히 등을 돌리고, 1828년 선거에서 다시 맞붙지. 이번에는 애덤스가 '여자문제'까지 들추며 따라붙었지만 역부족. 미국역사상 최초로 13개 식민지가 아닌 서쪽 주 출신 대통령이 나온 거야.

잭슨이 대통령으로 취임하던 날, 워싱턴은 잭슨의 지지자들로 북새통을 이루었어. 잭슨이 숙소에서 백악관까지 걸어가 성서에 손을 얹고 선서하는 순간 지지자들이 밀어닥쳤어. 잭슨이 누구든 취임식에 참여할 수 있도록 했기 때문에 아무나 갈 수 있었던 거지. 대중들의 열렬한 환호를 보고 놀란 보수파들은 혹시 프랑스 혁명처럼 시민혁명이 일어나는 것 아닌가 걱정할 정도였대.

그러나 기대가 크면 실망도 큰 법. 내각을 구성했는데, 그 면면들이 국민들의 기대와는 너무도 동떨어졌었어.

잭슨의 정책 중 빼놓을 수 없는 것 하나가 '인디언 강제 이주법Indian Removal Act' 제정. 이주민들은 매년 더 서쪽으로 이동했는데, 이 과정에서 그들은 종종 인디언들과 부딪쳤지. 그런데 잭슨 대통령은 이주민들이 원하는 땅에 인디언들이 거주하고 있는 것이 국가의 성장을 저해한다고 생각했어. 의회도 같은 생각이었어. 그래서 어떻게 해? 그 땅에서 인디언들을 몰아낼 수 있는 합법적인 수단을 강구하지. 그게 바로 1830년에 제정된 '인디언 강

통곡의 행렬 인디언강제이주법에 따라 강제로 이주하는 체로키 족.

제 이주법'이야. 이 법은 미시시피 강 동쪽에 있는 모든 인디언 부족들을 그 강의 서쪽으로 강제 이동시키라는 명령을 담고 있었어. 인디언들은 정든 삶의 터전을 그대로 놓고 낯선 곳으로 떠나야만 했지. 이때 체로키족이 이동하던 모습을 역사는 '통곡의 행렬The trail where they cried'이라고 기록했어. 체로키족은 슬픔을 딛고 자체 정부를 세우는 한편 그들 자신의 전통문화에다 이주민의 문화 일부를 보태 특유의 문화를 만들었지. 그러면서 체로키족 추장 존 로스John Ross는 인디언 제거에 항거해 싸웠어. 그는 최고 법정인 대법원까지 가서 투쟁했는데, 결국 대법원장이자 주심재판관인 존 마셜John Marshall로부터 체로키 강제이주는 불법이라는 판결을 받아내지. 하지만 잭슨 대통령은 마셜의 판결을 무시했어. 그런데 보통사람 대통령이 외려 인디언보호법을 만들어 내 땅 내 집에서 잘 지내던 인디언들을 그곳에서 쫓아내는, 씻을 수 없는 역사의 과오를 저질렀어. 반면교사로 삼아야지.

이번 시간은 여기서 마치고 다음 시간에는 미국이 어떻게 발전해 나가는지 살펴보자.

제6강

미국, 발전의 기틀을 마련하다!

이제, 미국은 신분이나 계급에 관계없이 누구나 자신의 능력과 노력에 따라 출세할 수 있는 대중의 시대를 열었어. 잭슨 대통령의 예가 바로 그런 시대의 반증이었다는 점, 지난 시간에 설명했지? 그럼 이번에는 이런 정치 사회적 역동성을 바탕으로 미국 역사가 어떻게 새로운 도약을 하는지에 대해 알아보자. 강의 제목은 '미국, 발전의 기틀을 마련하다!'야.

몰아친 산업혁명의 물결

아무리 정치와 사회의 역동성이 있다고 해도 경제적 기반 없이는 그 어떤 개혁이나 발전 구호도 공염불에 불과하다는 거, 다 알지? 그런 점에서 19세기 미국에 불어 닥친 산업혁명이 미국의 발전에 매우 중요한 물적 토대를 마련한다는 사실은 의미가 커.

이주민들 대부분은 농부였어. 변변한 공장이 있는 것도 아니었고, 그렇다고 다른 일거리가 있는 것도 아닌 상황이라 넓은 땅에 농사짓는 것 말고는 특별한 생계수단이 없었지. 옷, 도구, 가구 같은 것들은 집이나 작은 가게에서 직접 만들었거든. 그러던 것이 1800년대에 들어서면서 영국에서 온 이주민들을 통해 산업혁명의 물결이 들어왔어. 옷이나 도구 들을 공장에서 만들기 시작했고, 증기선을 이용해 물건을 나르는 등 엄청난 변화가 일어난 거야. 생산과 수송에서 일어난 획기적인 변화를 우리는 산업혁명이라고 부르잖아.

1790년 영국 기계공 출신 새뮤엘 슬래터Samuel Slater가 미국에서 최초로 방직공장을 세웠어. 로드아일랜드Rhode Island 수력으로 기계를 돌렸는데, 이 새로운 기계는 면화를 빠르게 실로 바꾸지. 엘리 휘트니Eli Whitney가 면화에서 씨를 빼는 조면기도 발명했어. 그런데 문제는 미처 면화를 대지 못한다는 점. 면화가 수마일이나 멀리 떨어져 있었기 때문이야. 그런데 증기선이 수송을 담당하면서 비용과 속도, 규모에서 획기적인 변화가 와. 이런 혁명의 물결을 타고 면화는 미국의 가장 큰 수출품이 됐어.

그런데 휘트니는 면화조면기 발명 몇 년 후 미국 정부로부터 1만 정의 권총을 만들어 달라는 요구를 받았어. 권총은 한 정 한 정 손으로 만들었기 때문에 각 권총마다 부품들이 달랐지. 그래서 한 가지 부품이 고장 나면 다른 권총의 부품을 이용하거나 여분의 부품으로 갈아 끼울 수 없었어. 표준화가 안 돼 있었거든.

그런데 휘트니는 빨리 만들고 원가도 낮추기 위해 호환성 있는 부품을 사용했어. 생산성이 높아지는 건 당연하겠지? 또 한 사람이 권총을 처음부터 끝까지 완성하는 대신 각 노동자들이 권총 조립의 각 분야에서 한 가지 일만 하도록 했어. 분업이었지. 결과는? 생산에 혁명적 변화를 가져왔지.

기계, 변화의 중심

1814년 프랜시스 로웰Francis Cabot Lowell이 매사추세츠의 보스턴 근처에 공장을 세웠는데, 한 공장 안에 면방적기와 동력 방직기계 둘 다 설치했어. 이 공장은 면화 원료에서 완성된 옷까지 만드는, 이른바 한 지붕 아래서 모든 게 이루어지는 세계 최초의 공장이었지. 로웰의 공장이 큰 성공을 거두었음은 당연한 일. 5년 만에 이 공장이 하루에 30마일의 옷감을 방적해 내자 앞 다투어 공장들이 설립되었어. 당연히 뉴잉글랜드는 떠오르는 섬유산업의 중심지가 되었고.

이렇게 산업이 발전하면 뭐가 가장 필요하겠어? 그렇지. 노동력이야. 하지만 노동력 확보는 금방 쉽게 이루어지는 것이 아니거든. 어딘가에서 공급이 되어야 했어. 그래서 농촌 사람들이 대거 공장이 있는 도시에 노동자로 이주하기 시작해. 농부에서 임금노동자로 신분이 바뀌는 거지.

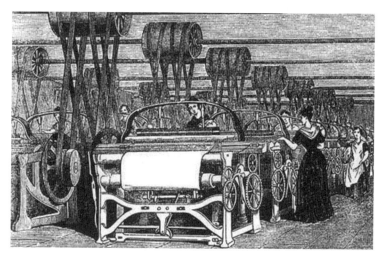
산업혁명 영국에서 일어난 산업혁명이 1800년대 미국에도 들어왔다.

　산업혁명은 농장에 머물러 있는 사람들의 삶도 역시 변화시켰지. 1831년 사이러스 맥코믹Cyrus McCormick은 말이 끄는 수확기계를 만들었는데, 20배의 생산성 증가를 자랑했어. 손으로 1에이커의 밀을 수확하는데 20시간이 걸린다면 맥코믹의 수확기로 1시간이면 뚝딱. 1837년 대장장이 존 디어John Deere가 철 쟁기를 발명했는데, 이 쟁기는 나무 쟁기를 부러뜨릴 만큼 거친 땅도 갈아엎을 수 있었어. 농사일에도 획기적인 변화가 왔지.

　1800년대 초기, 이주민들은 땅을 찾아 서쪽으로 향했고, 동시에 공장과 농장은 멀리 떨어진 도시에 팔 물건을 운반해야 했어. 그런데 육로 이동은 속도가 느리고 비용도 많이 들었지. 그러자 연방정부는 1811년 동부와 오하이오를 연결하는 국도를 건설하기 시작했어. 1833년에 이 새로운 도로는 메릴랜드의 컴버랜드에서 오하이오의 콜럼버스까지 뻗었지. 이 도로는 넓고 평평한 돌로 포장되었고, 일리노이 반달리아까지 연결되면서 미국에서 교통량이 가장 많은 도로가 됐어.

1807년 8월 9일, 미국사람들은 허드슨 강을 거슬러 올라가는 이상한 모양의 배를 보았어. 로버트 풀턴Robert Fulton이 만든 새로운 증기선이 뉴욕 시에서 올버니까지 시험운항을 했던 거야. 항해시간은 32시간. 획기적이었어. 도로는 조악했기 때문에 강과 운하가 상품 운반에 보다 빠르고 값싼 수단이었거든. 그래서 1825년 허드슨 강과 이리 호 사이를 연결하는 이리 운하Erie Canal가 건설되었고, 이때 많은 운하가 만들어지지. 하지만 가장 큰 변화를 가져다준 것은 증기기관차였어. 증기기관차가 끄는 열차는 언덕도 큰 힘 안 들이고 오르내리고, 또 빨랐지. 뉴욕 시에서 올버니까지 단지 10시간이면 충분했어. 그래서 미국 정부는 철로를 깔기 시작하지. 1850년에 9,000마일에 달하는 철로를 깔았을 정도야. 철로가 미국 수송의 핵심을 담당하게 되었지.

유럽인들, 대거 아메리카로 이주

유럽인들이 북아메리카로 이주해온 것은 1500년대부터야. 1492년 콜럼버스의 신대륙 발견이 그 시작이었으니까, 그때부터 끊임없이 북아메리카로 이주하기 시작했는데, 1840년에서 1860년 사이에 그 절정을 이뤄. 이 기간 동안에 무려 4백만 명이 와. 이들 중 절반은 아일랜드인들이었고, 3분의 1이 독일인, 나머지는 이들 이외의 유럽 다른 나라 출신이야.

그런데 아일랜드인들이 왜 대거 북아메리카로 왔을까? 여기에는 아일랜드의 슬픈 역사가 숨겨져 있어. 미국 학교 교과서에서는 그냥 '아일랜드 기근'이라고만 간단하게 언급하는 그 역사. 영국 왼쪽에 붙어 있는 조그만 나라 아일랜드. 1600년대부터 영국의 지배를 받고 있던 아일랜드는 안개가 많고 비가 잦아 감자 재배에는 최적의 환경이래. 그래서 감자가 주식이 되었는데, 1847년부터 갑자기 아일랜드 전역에 감자마름병이 발생해. 감자 말고 다른 작물을 심기는 했지만 영국이 다 수탈해가고 먹을 것이라곤 감자밖에 없던 아일랜드 사람들은 굶주림과 역병에 시달릴 수밖에 없었어. 이때 800여만 명의 인구 중 200여만 명이 굶어죽고, 200여만 명이 해외_{북아메리카}로 이주했대. 아일랜드 인구가 절반으로 줄었다고 하니 그 참상을 알만 하지? 역사는 이를 '아일랜드 대기근The Great Famine'이라고 말해. 어떤 사람은 영국이 그래도 감자라도 남겨둔 것은 일본 제국주의가 한반도에서 모든 것을 수탈하던 것보다야 양심적(?)이었다고 비아냥거리기도 하지만, 도긴개긴. 또한 일부 영국인들은 아일랜드인들이 게으르기 때문에 굶어 죽었고, 이는 신의 섭리라고까지 주장했다지.

미국에 정착한 아일랜드 후손들이 현재 3,400여만 명에 이른대. 앞에서 설명한 바 있는 보통사람 시대를 연 앤드루 잭슨 대통령을 시작으로 우드로 윌슨, 존 F. 케네디, 리처드 닉슨, 지미 카터, 로널드 레이건, 빌 클린턴, 조지 W. 부시 부자 등 미국 대통령 15명 이상이 아일랜드계 혈통으로 알려져 있어.

독일인도 마찬가지였어. 전쟁과 흉년으로 살기가 팍팍해지자 보다 나은 삶을 찾아 미국으로 건너와. 그런데 미국 땅도 호락호락하지 않았어. 그들 대부분은 공장노동자나 가정부, 운하나 철도 건설 노동자로 일할 수 있는 북동지역 도시로 이동하여 정착했지. 그들은 적은 임금을 받고도 열심히 일했어. 하지만 도시 사람들은 그들대로 불만이었지. 이민자들이 일자리를 빼앗아간다는 거야. 여기에다 산업혁명의 유탄을 맞은 대장장이나 방직기술자, 수공업자 들도 공장노동자로 전락했지. 이런 값싼 노동력은 미국의 산업혁명이 추동력을 얻는데 결정적인 역할을 하게 돼.

대각성운동

산업혁명으로 경제 발전을 거듭하자 한편에서는 사회를 바꿔보자는 움직임이 일기 시작했어. 대각성 운동The Great Awakening이 그 대표적인 예지. 1730년대에 이어 1820년대 두 번째로 일어난 이 운동은 종교적인 차원에서 출발했어. 그러면서 서서히 사회를 바꾸려는 열망으로 운동의 범위를 넓혔어. 반노예와 절주운동이 대표적인 운동이었지.

특히 반노예운동을 하는 많은 여
성은 그들 자신이 불평등에 직면해
있다는 것을 깨달았어. 여성들은 남
성들을 포함한 청중들을 향해 말하
지 못해. 대중집회에서 입을 다물고
있어야 했어. 여성들은 또한 투표권
도 없었어. 여성들이 할 수 있는 건
단지 저임금을 주는 적은 수의 일
자리에서 일하는 것뿐. 그리고 거의
모든 주에서 결혼한 여성은 자신의

【1차 대각성 운동】
1730년대 종교를 중심으로 일기 시작
한 정신개혁 운동. 종교는 뉴잉글랜드
생활에서 가장 중요한 요소였는데, 많
은 이주민들이 부모 세대처럼 종교적
신념이 강하지 않아서 교회의 신도들
이 줄어들었어. 이에 위기의식을 느낀
조나단 에드워드와 조지 화이트필드
가 믿음을 일신하자고 뉴잉글랜드 이
주민들에게 호소하지. 그 결과 이주민
들은 다시 종교에 대한 깨달음을 갖게
되면서 프로테스탄트 그룹에 가담해.
몇몇 교회에서는 여자, 아프리카인들,
인디언들을 받아들였어. 큰 변화였고
반향도 컸지.

재산이나 번 돈을 가지지 못했어. 여성들의 모든 것은 남편에게
귀속됐거든. 그래서 용기 있는 여성들이 이 불평등에 대해 발언
하기 시작해.

1848년 뉴욕 세네카 폴즈에서 여성 권리에 대해 논의하는 집
회가 열렸어. 이름 하여 '세네카 폴즈 대회Seneca Falls Convention'.
300여 명이 참가한 이 대회는 여성 권리운동의 출발점으로 기
록되었어. 세네카 폴즈 대회의 지도자 엘리자베스 캐디 스탠턴
Elizabeth Cady Stanton은 독립선언문에 있는 "모든 남자들은 평등
하다"는 문장을 인용하여 "모든 남자와 여자는 평등하게 태어났
다"라고 말했어. 그녀의 담대한 연설을 뒤따라 많은 논의들이 있
었지. 수산 앤서니Susan B. Anthony가 스탠턴과 결합하여 전국을

누비면서 힘이 넘치는 연설로 법을 바꾸자고 호소했어. 하지만 많은 사람들은 여성들의 역할이 변하지 않아야 한다고 생각했지. 신문들은 스탠턴과 앤서니, 여성운동가들을 노골적으로 비난하는 논조를 실었어. 그런 비난이 그들로 하여금 그 운동을 멈추게 하지는 못했지. 1851년 개혁가 소저너 트루스Sojourner Truth는 여성권리대회에서 그 유명한, 반복적으로 '나는 여성이 아닌가요?'를 외치는 연설을 했어.

"나는 남성만큼 일할 수 있었고, 먹을 게 있을 땐 남성만큼 먹을 수 있었어요. 남성만큼이나 채찍질을 견뎌내기도 했어요. 그래서 나는 여성이 아닌가요? 난 5명의 아이를 낳았고, 그 아이들 대부분 노예로 팔리는 걸 지켜봤어요. 내가 어미의 슬픔으로 울부짖을 때 그리스도 말고는 아무도 내 말을 들어주지 않았어요. 그래서 나는 여성이 아닌가요?"

또한 반노예 운동도 활발하게 일어났어. 하지만 변화는 더디게 오는 법. 수십 년간 이 문제들과 싸웠고, 많은 사람들이 투표권을 요구한 후 70년 이상의 시간이 흐른 1920년대까지도 여성들은 의원선거에서 투표권을 쟁취하지 못했어. 그러나 도도한 개혁 운동은 역사의 발전을 이루는 한 축이 되어 힘차게 굴러가기 시작한 것만은 부인할 수 없지.

텍사스-멕시코 전쟁

값싼 땅을 찾아 텍사스에 미국으로부터 최초의 이주민들이 도착한 것은 1821년이었어. 당시 텍사스는 멕시코 땅이었거든. 멕시코인들이 이주민들을 달가워할 리 없었지. 10년이 지나자 텍사스에는 멕시코인보다 미국인들이 더 많아졌어. 그러자 멕시코는 미국인들이 텍사스로 이주해오는 것을 중단시키기 위한 법을 통과시키지. 하지만 그 법도 이주의 물결을 막지는 못했어.

더욱이 새로 텍사스로 들어온 이주민들은 멕시코 법을 지키지 않았어. 가령, 멕시코에서는 노예제가 불법인데도 이주민들은 미국으로부터 노예를 함께 데려왔거든. 이뿐만 아니라 여러 문제에서 이주민들은 멕시코와 견해차를 보여. 그러다 급기야 이주민들은 텍사스가 멕시코로부터 독립하기를 원했어. 텍사스에 사는 스페인계 사람들인 테자노Tejano 또한 멕시코로부터 독립을 원했어. 그러나 요구가 받아들여지지 않자 이들은 독립을 쟁취하기 위해 멕시코에 대항해 반란을 일으키지. 1836년 초, 산타 안나Santa Anna, 1794~1876 대통령은 이 반란을 진압하기 위해 대규모 군대를 산 안토니오San Antonio에 보내. 그의 목표는 군사 요새로 사용되어온 옛 포교단 알마오Almao를 빼앗기 위해서였지. 200명 남짓한 아메리카계 텍사스인들과 테자노들이 그 요새를 방어했지만 대부분이 죽었어. 하지만 텍사스사람들은 멕시코로부터 독립하여 텍사스공화국 설립을 공식적으로 선언하기 위한 투표를 실시해. 그들은 또 1812년 전쟁에서 앤드루 잭슨Andrew Jackson과 싸웠던 경험이 풍부한 장교 출신 샘 휴스턴Sam Houston 을 군대 지도자로 선출했어. 휴스턴은 샌 재신토San Jacinto에서 산타 안나 군대를 기습 공격하여 패퇴시키지. 그리고 "알마오를 기억하라!"고 외쳤어. 결국 산타 안나는 텍사스의 독립에 동의할 수밖에 없었어.

텍사스공화국은 1836년 10월에 첫 선거를 실시했어. 샘 휴스 턴을 대통령으로 뽑았지. 텍사스사람들은 노예를 합법화시켰고, 그리고 미합중국에 참가하기 위한 투표도 실시했어. 결과는 미합 중국에 의한 합병안에 찬성했고. 하지만 마틴 반 뷰런Martin Van Buren 미국 대통령은 이 합병안에 반대해. 텍사스를 되돌리기를 원하는 멕시코와 전쟁이 일어날 것을 우려했었던 거지. 또한 노 예제를 허용하는 새로운 주를 추가하는 것도 달갑지 않았어.

그러나 합병안 지지자들은 텍사스 합병이야말로 서부로 확장 하려는 나라의 운명과 직결된다고 주장했어. 그들은 미국은 대 서양에서 태평양까지 북아메리카대륙 전반에 걸쳐 펼쳐져야 한 다고 믿었었지. 이 신념을 '명백한 운명Manifest destiny'이라 불러.

1845년 제임스 폴크James Polk가 대통령이 되었을 때 의회는 텍사스 합병을 의결해. 미합중국의 주가 된 거지. 텍사스가 미합 중국으로 참여하자 멕시코는 멕시코와 텍사스의 국경이 누에시 스 강Nueces River으로 되길 원했어. 반면 폴크 대통령은 누에시스 에서 남쪽으로 150마일쯤 떨어진 리오그란데 강Rio Granade river

이길 원했지. 리오그란데 국경은 미합중국에 보다 많은 땅을 주는 셈이었어. 멕시코 정부가 이 국경선에 동의할 리 만무하지. 그러자 폴크는 해결방법은 전쟁 밖에 없다고 생각하고 재커리 테일러Zachary Taylor가 이끄는 군대를 텍사스에 파견하고는 의회에 멕시코와 전쟁 선포를 요구했어. 의회는 1846년 5월 13일 전쟁을 선포해.

1847년 10월 미국 군대가 진격하여 멕시코시티를 탈환하자 멕시코 지도자들은 곧바로 평화 조약 논의에 동의했어. 항복이지. 1848년 미합중국과 멕시코는 '과달루페 이달고Guadalupe Hidalgo 조약'에 서명하면서 전쟁을 끝내. 멕시코는 텍사스의 미합중국 참여와 리오그란데 국경안을 받아들였지. 멕시코는 또한 광활한 땅을 강제로 미국에 넘겨주는데, 역사는 이를 '멕시코 이양'이라 불러. 미국은 이양의 대가로 멕시코에 1,500만 달러를 지불했어. 껌값에 불과한 돈을 지불하고 엄청난 땅을 챙긴 거지.

서부로 서부로 이동

1800년대 초 미국에서는 어떻게 서부를 개척할 것인가 하는 문제가 초미의 관심사였어. 하지만 선뜻 나서는 사람이 없었지. 용기백배한 사람이 있었겠지만 대부분은 고생이 뻔히 보였기 때문에 생각조차 하지 않았어. 그래서 미국 정부는 땅을 헐값에 주는 한편 유럽 이민자들에게도 문호를 열어 놓았어.

서부로 가는 루트인 '사우스패스South Pass'가 사람들에게 알려진 것은 1824년 크로족Crow이 사냥꾼들에게 길을 알려주면서부터. 로키산맥을 관통하는 이 길은 마차가 다닐 수 있었어. 1850년대 말, 수천 명의 사람들이 오레곤 트레일Oregon Trail로 알려진 이 사우스패스를 통해 이동했지. 오레곤 트레일은 길이가 2,000마일이나 되는데, 미시시피 강에서 시작하여 로키산맥을 가로질러 서쪽으로 뻗어 현재의 오레곤에 이르는 대장정. 마커스Marcus와 나르시사 휘트먼Narcissa Whitman이 오레곤 트레일을 이동한 최초의 개척자들인데, 이들은 선교를 목적으로 이 길을 갔었지. 또한 존 프리몬트John Fremont는 서부의 여러 곳을 탐험하여 오레곤 트레일의 지도를 만드는데 도움을 주었어. 그 땅의 아름다움을 묘사하는 보고서도 쓰는데, 이후 오레곤 트레일을 걷는 사람들은 프리몬트 지도와 안내 리포트를 참고하였지.

실제 서부 개척에 대규모 그룹이 나선 것은 1843년이야. 약 1,000여 명이 오레곤 트레일을 출발했는데, 이들은 오하이오, 인디애나, 일리노이즈, 켄터키, 테네시에서 온 값싸고 좋은 땅을 찾아 나선 사람들이었지.

제임스 폴크 대통령은 명백한 운명을 믿었어. 그는 오레곤이 미합중국에 소속되길 원했지. 당시 오레곤은 미합중국과 영국 둘 다에 편입하기를 요구했거든. 1846년 폴크는 미합중국의 서부와 캐나다 간 국경을 설정하는 조약을 영국과 체결하는데, 이 국경

골드러시 캘리포니아에서 금이 발견되자 금을 쫓는 사람들이 몰려들었다.

의 남쪽 땅이 1848년에 오레곤 영토가 되었지.

개척자들이 서부로 가는 또 다른 루트도 있었어. 모르몬 트
레일Mormon Trail. 모르몬교, 즉 예수그리스도의 후기성도회The
Latter Day Saints 회원들이 이용하는 루트였어.

캘리포니아 골드러시

서부 개척 시대 얘기하면서 캘리포니아 골드러시를 빼놓으면
안 되겠지? 캘리포니아는 멕시코의 일부가 되기도 했다가 1848
년에 미합중국에 참여해. 그런데 캘리포니아가 미합중국에 편입
하던 그 해 캘리포니아에서 금이 발견됐어. 캘리포니아 새크라멘

토 계곡의 한 물레방앗간 수로에서였어. 젊은 목수 제임스 마셜 James Marshall이 물속에서 모래가 반짝이는 것을 발견했던 거야. 사금. 자세히 보니 그곳 개천 바닥이 온통 사금으로 덮여 있었어. 금 발견 소식에 말 그대로 골드러시Gold Lush, 금을 쫓아 사람들 이 몰려들었어. 미국을 비롯하여 멕시코, 중국, 유럽, 남아메리카 에서 수천 명의 사람들이 캘리포니아로 왔지. 1849년 무렵 캘리 포니아에 왔다고 해서 이들을 '포티나이너forty-niner, 49년 사람들' 라고 불러. 골드러시 기간 동안 무려 25만 명 이상이 캘리포니아 로 쏟아져 들어왔다니 그 광풍이 어떠했는지 짐작 가지?

캘리포니아 골드러시는 단지 5년 정도 지속됐다고 해. 아주 극 소수의 광부만이 금을 발견했을 뿐 대부분은 허탕쳤대. 그런데 일부만이 집으로 돌아가고 나머지 수천 명은 캘리포니아에 그대 로 눌러앉았어. 노다지를 꿈꾸던 광부들로 인해 캘리포니아는 많 이 변하지. 샌프란시스코 같은 도시가 발달했고, 1850년대 미국 영토가 된 지 단 2년 만에 캘리포니아는 주가 되기에 충분한 인 구를 가지게 됐어. 이 새로운 주는 인디언과 멕시코, 중국, 남아메 리카, 유럽, 그리고 미국의 다른 곳에서 온 사람들을 다 수용했어.

이렇게 미국은 신생국가 치고는 빠르게 경제발전을 구가하기 시작했지. 하지만 시련이 끝난 게 아니었어. 이제 같은 나라 국민 들끼리 전쟁을 해야 하는 상황이 닥치고 있었지. 노예제 때문이 야. 다음 시간에는 노예제를 둘러싸고 벌어지는 남북전쟁에 대 해 살펴보자.

제7강

남과 북, 내전에 휩싸이다!

이번에는 미국역사에서 가장 큰 역사적 사건으로 꼽히는 '남북전쟁'에 대해 알아보자. 남북전쟁이란 말에 우리의 남한과 북한을 생각하여 이념적으로 자본주의와 사회주의의 충돌을 떠올릴지 모르겠는데, 이건 미국역사야. 미국이 건국되면서 중요하게 간주된 가치는 '자유'. 그런데 이 '자유사상'에 가장 반하는 것이 있었어. 바로 노예제였지. 노예제를 빼놓고 미국역사를 논할 수 없을 만큼 노예제는 미국역사에 깊숙이 자리 잡고 있는 주제야. 남부와 북부가 전쟁을 일으킬 만큼 민감한 문제였거든. 그런데 문제는 이 노예제가 인권과는 거리가 먼 제도인데, 이걸 유지할 것이냐, 폐지할 것이냐를 놓고 미국 내에서 의견이 분분했다는 점이야. 독립할 무렵 13개 주 모두 노예제를 채택할 만큼 신생국가 미국은 노예제를 당연한 것으로 받아들였어. 일은 많은데 일손이 부족한 상황에서 인권 운운하는 것 자체가 사치한 일이고, 일손으로써 노예는 매우 필요한 존재였지.

노예제에 대한 남과 북의 입장차

미국은 독립 당시 13개 주 모두가 노예제를 채택하고 있었다고 했지? 하지만 독립전쟁을 거치면서 노예제에 대한 생각들이 바뀌기 시작해. 입장이라는 것이 각자가 처한 상황에 따라 좌우되게 마련이잖아. 독립전쟁 후 북부는 노예제 폐지 법안을 통과시켰어. 북부가 이렇게 노예제 폐지에 적극적이었던 것은 나름의 이유가 있었지. 애초 북부나 남부 모두 이주민들이 할 수 있었던 일은 농사뿐이었는데, 농사는 워낙 일손이 많이 필요해서 노예제를 당연한 것으로 받아들였어. 그러나 북부는 산업이 농업에서 공업으로 탈바꿈하면서 산업 구조 자체가 변했고, 남부는 점점 더 대형화한 플랜테이션이 주를 이루게 되었잖아. 그 결과 북부는 노예가 덜 필요하게 되고 남부는 더 필요하게 된 거지. 노예제를 둘러싼 남부와 북부의 갈등 뒤엔 이런 배경이 깔려 있었어.

이런 가운데 노예제는 폐지하는 게 맞다는 쪽으로 의견이 모아지고 있었지. 곳곳에서 그런 움직임이 활발하게 일어나고 있었어. 헌법회의의 한 대표가 노예제는 '혁명의 원칙'에 맞지 않는다고까지 말했던 점을 떠올려보면, 노예제는 폐지 쪽으로 흘러가고 있었음이 분명해. 버지니아 출신 노예 소유주이자 헌법제정회의에서 권리장전을 집필했던 조지 메이슨George Mason마저 노예제를 두고 '국가적 범죄'라고까지 불렀어. 하지만 대륙회의에서 대표단들은 노예제 종식에 동의하지 않아. 남부에서 농장의 대형

내트 터너 반란 추종자들과 함께 반란을 일으키자고 모의하는 내트 터너.

화가 노예제 성장의 원인이 되었거든. 조면기의 발명으로 남부의 농장주들은 목화밭에서 일할 더 많은 노예가 필요했어. 영국과 뉴잉글랜드의 섬유공장에서 더 많은 목화가 필요했고, 남부가 그 필요한 목화량을 대려면 경작 면적을 더 늘려야 했거든. 그러니 노예가 더 많이 필요했지.

그런데 지렁이도 밟으면 꿈틀하듯 노예들도 때때로 노예 소유주들에 맞서는 일이 일어나. 대표적인 사례가 1831년 버지니아에서 일어난 '내트 터너Nat Turnor 반란'이야. 아프리카계노예였던 내트 터너는 추종자 70여 명과 함께 사전에 모의한대로 자신들의 주인을 죽이고 길거리에 나와 백인들을 무차별로 살해했어.

그들은 자신의 이 같은 행위가 전국으로 퍼져나가 노예해방 투쟁의 불씨가 되길 바랐어. 하지만 아프리카계노예들이 주인들에게 충성을 바치면서 미미한 호응을 보이는 가운데 지역 군대에 의해 반란은 진압되지. 간신히 도망쳤다가 잡힌 터너와 그의 추종자 59명이 교수형에 처해졌어.

내트 터너의 반란 이후 남부 주들은 노예화된 흑인과 자유인이 된 흑인 둘 다 통제하는 법을 통과시켰어. 상황이 반란 이전보다 외려 못하게 된 것이지. 1850년대까지 흑인은 노예든 자유민이든 신분상 대우는 예전과 다를 바 없었어. 이런 가운데 노예제가 남부와 북부의 깊은 갈등의 원인이 되지. 남부 사람들은 노예제 폐지는 경제를 포기해야 할 만큼 중요한 사안이라고, 북부 사람들은 국가 경제의 보다 빠른 성장을 가로막는 장애물이라고 각각 주장했어.

아울러 북부와 남부의 다른 경제체제는 관세 문제에 있어서도 의견차를 드러내. 1816년에서 1832년 사이 의회는 나라 밖에서 만들어진 상품을 들여올 때 높은 관세를 매기는 법을 통과시켰어. 그러다 보니 외국 제품들이 비싸지면서 가능하면 미국 내에서 생산된 제품을 사게 되었지. 이런 가운데 의회는 관세를 미국의 제조업 발전을 위해 쓰게 했어. 이는 북부의 산업을 위해서는 도움이 되었지만 남부에는 도움이 되지 않았지. 오히려 남부로서는 손해였어. 영국의 방직공장에 면화를 팔아야 하는데, 미국 관세로 인해 팔기 어려워지니까 영국의 방직공장들은 면화를 덜 수입하게 되고, 그 결과 남부의 면화 농장은 가격 하락에다 재고까지 떠안는 이중고에 시달리게 되었던 거지.

그러자 남부 사람들은 관세 철폐를 강하게 주장해. 1828년 당시 부통령이었던 남부의 사우스캐롤라이나 출신 존 칼훈John C. Calhoun이 여기에 앞장섰어. 주에 영향을 미치는 문제는 연방정부가 아닌 주가 최종 결정을 내려야 한다는 것이었지. 칼훈의 이 같은 주장이 남부에서 인기를 끌었음은 당연한 일.

노예제와 관세를 비롯하여 몇몇 경제 문제를 둘러싼 의견불일치는 남부와 북부를 분리하자는 '분리주의Sectionalism'에 힘을 실어주게 되었어. 북부는 노예제 폐지와 관세 존속, 남부는 노예제 유지와 관세 철폐. 이러는 가운데 노예제 폐지 운동이 1830년대와 1840년대를 거치면서 미국 전역으로 재빠르게 확산됐어.

1850년 대타협

그런데 미국에 새로 편입된 주들이 새로운 문제를 만들어 냈어. 노예제를 채택할 것인가, 말 것인가. 기존 주들이야 나름대로 정한 게 있었지만 새로운 주에서는 어떻게 할 것인지를 결정해야 했거든. 그런 가운데 텍사스를 둘러싼 멕시코와 전쟁은 미국으로 하여금 노예제 논쟁을 보다 근본적이고 치열하도록 만들었어. 전쟁 결과 텍사스를 비롯한 캘리포니아 등이 준주가 되는데, 준주는 정식 주가 될 만큼 충분한 인구를 가진 주를 말해.

의회는 각 준주에 노예제를 허용할지 여부를 결정해야만 했어. 노예제를 허용하는 준주는 노예주, 노예제가 불법인 준주는 자유주로 구분하는데, 당시 의회는 자유주와 노예주의 숫자를 똑같게 유지하려고 했지. 그런데 미주리가 노예주로 연방에 참가하길 희망하자 의회가 1820년 '미주리 타협안Missouri Compromise'을 만들었어. 얼마나 첨예하게 대립한지 알 수 있지? 남과 북 두 입장을 만족시키기 위해 미주리는 노예주, 메인은 자유주를 받아들였어. 텍사스의 노예주 선택은 지리적으로 워낙 남부에 치우쳐 있었기에 강하게 반대할 명분이 없어 그런대로 넘어갔지만 문제는 캘리포니아를 비롯한 뉴멕시코와 유타였어. 이들 준주가 어느 쪽을 선택하느냐에 따라 가까스로 유지하던 균형을 깨뜨릴 게 뻔했거든. 초미의 관심사인 가운데 마침내 캘리포니아가 1849년 자유주로 연방가입을 신청해. 1만 2,000 대 800이라는 주민투표 결과에 따른 결정이었어. 그러자 의회는 발칵 뒤집혔어. 캘리포니아를 자유주로 가입시키면 노예주의 숫자가 적어지게 되기 때문이야. 남부가 배수진을 쳤지. 만약 캘리포니아가 자유주가 되면 남부는 연방에서 탈퇴하겠다고. 그러자 재커리 테일러Zachary Taylor, 1784~1850 대통령은 캘리포니아 주민 의사가 절대적으로 중요하다며 연방을 탈퇴하면 무력으로 대응하겠다고 협박했어. 이 같은 일촉즉발의 긴장감이 활시위를 팽팽하게 당기는 가운데 헨리 클레이Henry Clay 상원의원이 타협안을 제시해. 이름

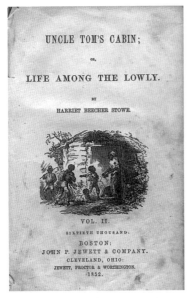

『엉클 톰스 캐빈』 초판본 표지.

하여 '1850년 타협안'. 내용은, △ 캘리포니아는 자유주로 인정하되 그 밖의 멕시코로부터 편입한 영토는 주민의 자유 결정에 따른다, △ 콜럼비아에서 노예매매는 금지하되 노예제는 폐지하지 않는다, △ 도망노예에 관한 보다 강력한 단속법을 제정한다 등이었어. 그리고 의회는 1850년 타협안에 따라 도망노예법Fugitive Slave Law을 통과시켰어. 북부로 도망친 노예는 노예로 되돌아가야만 하고, 시민들이 도망노예를 붙잡는데 도움을 주도록 명령할 수 있게 하는 것이 주요 골자야. 북부 사람들은 이 법 제정에 반발하며 불복종을 선언해. 이렇게 타협안은 남부는 노예주의 수적 열세에 불만, 북부는 '도망노예법'의 부작용에 불만, 양쪽 다 만족시키는 것이 아니라 불만족시키는 것이었지.

이럴 때 헤리엇 스토Harriet Beecher Stowe 부인이《엉클 톰스 캐빈Uncle Tom's Cabin》을 발표해. 이 작품은 다 읽었지? 읽지 않았다고? 그럼 지금이라도 읽길 적극 권장. 읽을 걸로 믿고 따로 설명하지는 않을게. 여하튼 팔려가는 노예의 비참함이 심금을 울리는 이 소설은 노예제에 대해 무덤덤하던 보통사람들에게까지 큰 반향을 일으키며 '1850년 타협'의 정신을 위협했어. 훗날 링컨 대통령이 남북전쟁에서 북부가 승리한 원동력이 바로 스토 부인이라고 말한 것만 보더라도 이 작품이 얼마나 큰 반향을 일으켰는지 짐작할 수 있지.

한편 1854년 의회는 캔자스와 네브래스카에 국민주권을 부여하는 것을 골자로 하는 '캔자스-네브래스카 법안Kansas-Nebraska Act'을 통과시켰어. 북부는 1820년 미주리타협안에 따라 북위 36도 38분 남쪽에 생기는 주만 노예제를 허가하기로 했지. 이에 이 두 주는 경계선 북쪽에 있었으므로 당연히 노예제는 금지되어야 하잖아. 반면 남부는 노예제가 존속되어야 한다고 주장했고. 투표 결과 노예제 지지자들이 승리하여 주정부를 세우자, 자유주 지지자들이 부정선거라며 따로 주정부를 세웠어. 그러나 수적 열세에 놓인 자유주 지지자들이 습격을 당하는 등 사태가 악화되는 가운데 한 노예 폐지론자가 돌발행동을 해. 존 브라운John Brown. 이 얘기 끝나면 바로 설명할 '지하철도'에서 활동했던 사람인데, 지하철도에서 거점 역할을 했던 아버지를 따라 자연스럽게 노예제 폐지론자가 되어 적극 행동에 나서는 인물이야. 그는 자유주 지지자들에 대해 테러가 자행되자 극성 노예제 옹호자였던 백인 5명을 끔찍하게 살해하는 '포토와토미 학살사건Pottawatomie Massacre'을 일으키지. 이 사건을 계기로 양쪽 합해 200여 명이 죽고, 결국 연방군이 개입해서 수습해야 했어. 그후 그는 1859년 버지니아 하퍼스 페리에 있는 미군 거점을 공격하였다가 군인들에게 붙잡혀 반역죄로 기소돼. 그는 '그르지 않은 옳은 일'을 했다고 주장하다 교수형을 받고 형장의 이슬로 사라지지.

결국 캔자스는 1861년에, 네브래스카 주는 1867년 남북전쟁 이후에 각각 자유주로 연방에 참여해. 이 일로 휘그당과 민주당이 분열했고, 노예제 반대론자들이 공화당을 창당하지.

이런 상황에서 1857년 대법원에서 매우 중요한 판결을 내렸어. '드레드 스콧Dred Scott' 사건. 드레드 스콧은 미주리 출신 노예였는데, 주인을 따라 위스콘신으로 가서 자유인이 되었어. 위스콘신은 자유주이니까. 그런데 그가 다시 미주리로 오면서 문제가 생겼어. 노예가 된 거지. 그는 자유주인 위스콘신에 살았기 때문에 자유로워져야 한다고 주장했어. 그래서 소송을 내 대법원까지 가는데, 대법원은 그의 주장을 기각해. 노예는 재산이며 자유주에 살았다 해도 그를 시민으로 만들지는 못했다는 것이 판결 이유야. 노예제를 원하지 않더라도 노예제는 모든 준주에서 합법이라는 걸 의미하는 판결이었어. 폐지론자들은 노예제가 전국으로 확산되는 게 아닌가 하는 공포에 휩싸이면서 걷잡을 수 없는 소용돌이 속으로 밀려들어가지.

이런 가운데 노예제 폐지운동은 점점 더 확산되고 있었어. 특히 앞에서 설명을 미룬 지하철도Under-ground Railroad가 대단한 활약을 해. 여기서 지하철도라고 하니까 실제 기차가 다니는 철도를 연상할지 모르겠는데, 그건 아니야. 노예들에게 자유를 찾아 도망치는 것을 도와주는 비밀조직 이름이야. 지하철도는 남부의 노예를 데려오기 위한 탈출 루트와 은닉장소를 상징해. 가령, 탈출하는 길은 '노선', 중간에 숨어서 기다리는 장소는 '역', 탈출을 돕는 사람은 '차장', 차장이 맡은 사람은 '승객', 이런 식으로 부른데서 연유해. 가장 유명한 안내자는 해리엇 터브먼Harriet Tubman. 그 자

에이브러햄 링컨 미국 16대 대통령.

신도 메릴랜드 노예에서 도망친 전력을 갖고 있지. 그녀는 19번이나 노예들이 자유를 찾도록 유도했는데, 그녀가 도운 노예가 300명에 달한다나. 그녀는 노예제 폐지 운동의 상징이 되었어.

링컨의 등장

노예제를 둘러싼 남부와 북부의 현격한 입장차는 미국을 어디로 끌고 갈지 아무도 예상할 수 없는 상황일 때 마침내 영웅이 등장했어. 역사를 보면 난세일 때면 언제나 영웅이 등장해 상황을

정리하잖아. 미국역사도 이런 역사의 법칙에서 예외가 아니네. 에이브러햄 링컨Abraham Lincoln, 알지?

　1809년 켄터키에서 가난한 농부의 아들로 태어난 링컨은 학교라곤 1년도 못 다녔지만 늘 책을 끼고 살았대. 링컨식 독서법이라는 게 있어. 책을 소리 내어 읽는 거야. 그럼 눈으로 보고 동시에 귀로 들으니까 두 번 읽는 것이어서 기억하기 쉽다나. 어쨌든 그는 학교를 못 다니니까 독학으로 실력을 키워 변호사가 되었어. 1832년 주 의회에 출마했다가 낙선한 그는 1834년에 다시 도전해 당선돼 정계에 입문해. 이후 네 번 내리 당선되는 등 정치인으로서 탄탄하게 입지를 굳힌 그는 1846년에는 휘그당 후보로 하원에 출마해 당선돼. 그러나 두 번째 하원 선거에서 실패한 그는 1855년 상원의원 선거에 출마해. 이 선거에서 그는 캔자스-네브래스카 법의 주역인 스테판 더글러스Stephen Douglas와 맞붙었어. 그가 선거에서 가장 많이 득표했지만 후보 세 명 모두 과반을 넘지 못해 2차 투표에 들어갔는데, 링컨은 이때 반더글러스파 후보를 지지하면서 후보를 사퇴하여 더글러스를 낙선시키지. 그리고 링컨은 1856년 새롭게 창당하는 공화당에 참가해. 1858년 일리노이 주 상원의원에 공화당 후보로 나선 그는 다시 스테판 더글러스와 맞붙었어. 두 후보는 7번의 토론회를 열었대. 이 토론회의 주제는 노예제. 링컨은 노예제는 '도덕적, 사회적, 그리고 정치적 악'으로 보았어. 그래서 그는 미국은 노예제로 분리된 채 영원히 갈 수 없다고 주장했지. 그의 유명한 어록을 인용해볼게.

"스스로 분열된 가정은 서 있을 수 없습니다. 이 정부도 반은 노예주로 반은 자유주로 영원히 지속될 수 없습니다. 모두 하나가 될 것인가, 모두 남이 될 것인가."

반면 더글러스는 준주에서 국민주권을 가지길 원했어. 주민들의 의사에 따르겠다는 거지. 그는 노예제는 나쁘지 않고 사람들이 원하는 이상 합법적이라는 생각이었어.

링컨은 노예제를 증오했지만 국가가 노예주의 노예제를 종식시킬 수 있는 힘을 가져야 한다고는 생각하지 않았어. 다만 폐지는 안 하더라도 준주로 확산되지 않기를 원했던 거지. 온 나라로 확산되게만 하지 않는다면 언젠가는 스스로 종식될 걸로 믿었던 거야. 선거 결과는 링컨의 패배. 그러나 토론은 링컨을 일약 유명인사로 만들었어. 풋내기 시골 변호사가 전국적인 거물을 맞아 근소한 시소게임을 했기 때문이지.

1860년에 대통령 선거가 있었어. 두 파로 나뉜 민주당은 후보 단일화를 하지 못했어. 노예제를 둘러싼 의견차 때문이었지. 그래서 북부 민주당은 스테판 더글러스를, 남부 민주당은 존 브레킨리지John Breckinridge를 각각 후보로 내세웠어. 노예제에 대한 더글러스의 입장은 앞에서 설명했으니까 알 테고, 브레킨리지는 노예 소유주였기에 모든 준주에 노예제가 허용되길 원하는 입장이었어. 이에 맞서는 공화당 후보는 링컨. 그는 북부에서는 압도적인 지지를 받았지만 남부에서는 거의 지지가 없었어. 남부 10

개 주에서 링컨이 얻은 표는 거의 없을 정도였거든. 하지만 링컨
이 당선됐어. 이 선거의 결과는 노예제를 둘러싸고 미국인들이
얼마나 분열되어 있는가를 적나라하게 보여준 거야. 그는 남부의
단 한 주에서도 승리하지 못했는데, 남부사람들에게 링컨은 재앙
그 자체였거든. 남부의 한 신문은 오죽했으면 "이 나라에 떨어진
가장 최악"이라고 썼을까.

남부, 분리독립만이 살길

남부는 연방정부의 힘이 세질 걸로 느꼈어. 노예제를 제한하려
는 노력에서 정부의 힘이 얼마나 센지 체감했었거든. 그런데 링
컨이 대통령이 되었으니 이제 큰일 난 거야. 노예제를 종식시킬
지도 모른다는 두려움에 사로잡혔지. 그래서 생각한 것이 분리
독립이었어. 사우스캐롤라이나가 가장 먼저 연방에서 철수했어.
사우스캐롤라이나는 1860년 12월 20일 연방 탈퇴 여부를 투표
로 결정했었지. 이어 미시시피, 플로리다, 앨라배마, 조지아, 루
이지애나, 텍사스 등 7주가 연방에서 탈퇴하겠다고 선언했어. 이
들 7주는 1861년 2월 4일 앨라배마 몽고메리에서 대표단 회의를
열어 연합국가를 만들기로 결정해. '아메리카연합주' 또는 '연합
Confederacy'이라고 불렀어. 제퍼슨 데이비스Jefferson Davis를 대
통령으로 뽑고, 헌법도 만들었어. 이렇게 미국은 건국된 지 84년

만에 두 나라로 쪼개졌어.

　대통령에 당선된 링컨은 취임도 하기 전에 남과 북이 분열하는 초유의 사태를 맞았던 거야. 1861년 3월 4일 대통령에 공식 취임한 링컨은 남부의 연방탈퇴를 '내란'으로 규정하고, "우리는 적이 아니라 친구다. 우리는 적이 되면 안 된다"며 타협을 호소했지. 그러나 이미 루비콘 강을 건넌 남부가 링컨의 말에 귀 기울일 리 만무였어. 오히려 링컨의 호소를 경고로 받아들이며 더 흥분했지. 그리고 1861년 4월 12일 새벽 4시, 남부 연합군은 연방군의 섬터sumter 요새를 공격함으로써 남북전쟁의 서막이 올랐어.

　전쟁 직전 섬터 요새를 지키고 있던 앤더슨 소령이 급히 편지를 보내와 식량 지원을 요청하자 링컨의 고민은 깊었어. 섬터는 남부 분리 운동의 거점이었거든. 대부분의 각료들은 포기하자고 했어. 그러나 링컨은 포기할 수 없었어. 섬터 포기는 곧 남부의 승리를 의미하는 것이고, 이로 인해 공화당이 입게 될 정치적 타격도 만만치 않다는 판단이었지. 링컨은 보급품을 실은 배를 보내. 그러나 34시간에 걸친 남부의 대포 공격으로 요새에 있던 군인들은 항복, 섬터 요새는 결국 함락되고 말지.

　그러자 링컨 대통령은 남부와 싸우기 위해 7만 5,000명의 병사를 각 주에 요청했는데, 외려 아칸소, 노스캐롤라이나, 테네시, 버지니아가 연방 대신 연합군에 가담했어. 이로써 연합군이 11개 주로 늘어났고, 링컨은 정치적 위기에 빠졌지.

남부와 맞선 북부

당시 연방에는 18개의 자유주와 15개의 노예주가 있었는데, 남북전쟁이 시작되자 남부의 11개 주들이 연합국을 결성했잖아. 미주리, 켄터키, 메릴랜드, 델라웨어 등 4개의 노예주들은 연방에 잔류했는데, 이들은 대부분 자유주와 경계를 접하고 있는 지리적 상황에 따라 중간 입장이었어. 경계주Border State라고 부르지.

북부 연방군과 남부 연합군 간의 전력에는 큰 차이가 있었어. 주 수만 하더라도 북부가 많았고, 인구 역시 북부가 2천 2백만 명, 남부는 단지 7백만 명 남짓했어. 남부 인구의 3분의 1은 군인이 될 수 없는 노예들이었어. 반면 북부에는 무기와 보급품을 만들 수 있는 공장뿐만 아니라 수송 수단인 철도도 갖고 있었지.

모든 것이 북부에만 유리한 것은 아니었어. 전투의 대부분이 남부에서 일어났는데, 남부는 홈그라운드의 이점과 로버트 리 Robert E. Lee 같은 훌륭한 군사 지도자를 갖고 있었거든.

1861년 7월, 연방군은 연합국 수도인 리치몬드를 탈환하기 위해 워싱턴을 출발했어. 수도를 점령하면 연합군이 항복할 것이고, 항복하지는 않더라도 사기나 전력이 많이 떨어질 것이라는 판단에서였지. 7월 21일 연방군과 연합군은 워싱턴의 머내서스 Manassas 근처인 불런Bull Run에서 맞붙었어. 하루 종일 치열하게 싸웠으나 전쟁 상황은 예상과 달랐어. 연합군을 얕보았던 연방군은 당황했지. 연방군의 거점인 워싱턴이 외려 연합군의 수중에 들어갈 판이었어. 연방군의 사실상 패배야. 이제 사람들은 전쟁이 곧 끝날 것 같지 않다는 것을 깨닫기 시작했어.

멕시코 전쟁의 영웅 로버트 리Robert Edward Lee 장군을 사령관에 임명한 연합군은 연방군의 리치몬드 공격을 막아내며 방어력을 과시하지. 방어에서 벗어나 공격하기도 했어. 로버트 리는 앤티텀Antietam에

로버트 리 남부 연합군 사령관.

서 연방군과 맞붙었어. 그런데 그날은 최악의 날, 연합군과 연방군 모두 각각 2만 명 이상의 사상자를 냈으니까. 리 장군은 버지니아로 돌아가야 할 만큼 손실이 컸어.

노예해방 선언

전쟁이 어느 한쪽에게만 유리하게 전개되지 않자 연방 대통령 링컨이나 연합국 대통령 제퍼슨 데이비스 모두 곤란한 지경에 빠졌어. 하지만 연방군이 조금은 유리한 상황이었어. 연방군이 웬만한 항구를 다 장악하고 있어서 연합군이 식량이나 무기 조달

에 어려움을 겪고 있었거든. 그럼에도 사상자 수가 늘자 연방군에서는 전쟁에 대한 회의론이 고개를 드는 상황이었지. 뉴욕에서 폭동이 일어나기까지 했으니까. 더욱이 영국이나 프랑스가 모호한 입장을 취했어. 이기는 쪽 손을 들어줄 태세였지. 그러니 링컨의 입지가 외려 더 어려운 상황으로 가고 있었어.

전쟁이 시작될 무렵 링컨의 유일한 목표는 연방을 함께 지키는 것이었어. 특히 링컨의 머릿속을 복잡하게 하는 이슈가 있었는데, 그건 바로 노예제. 링컨은 애초 노예들을 풀어주려는 계획이 아니었어. 그렇지만 1862년 마음을 바꿨어. 북부는 노예제가 종식되기를 원했고, 또 노예들을 풀어주는 것이 연합국을 약화시킨다는 판단에서였지. 그런데 4개의 경계주가 노예 해방을 계기로 연방에서 탈퇴하고 연합군에 가담한다면? 생각하기도 싫은 상황에 링컨의 고민은 깊어만 갔지. 노예해방 선언과 성급한 판단 사이에서 링컨은 진퇴양난이었어. 하지만 링컨은 이미 결심했었지. 날짜만 남은 셈. 선언문까지 이미 작성해 놓았었거든. 링컨은 연방군이 승리를 거두는 날 노예해방을 선언하기로 맘먹었지. 마침 1862년 9월 17일, 연방군이 앤티텀 전투Battle of Antietam에서 승리하자 링컨은 그곳을 직접 방문해 병사들을 위로했어. 북부군이 얼마나 승리에 목말라했는지 알 수 있지?

닷새 후인 9월 22일, 링컨은 각료회의를 소집했어. 각료들로부터 의견을 들으려는 것이 아니었어. 전투에서 승전보가 날아오면 노예해방을 선언하겠다고 신에게 한 자신의 맹세를 지키기 위해서였어. 여기서 링컨은 1863년 1월 1일부터 미국에 대해 반란 상태에 있는 여러 주의 노예를 전면 해방한다는 내용의 '노예해방령Emancipation Proclamation'을 발표해. 이 선언문에 따라 델라웨어, 켄터키, 메릴랜드, 미주리 등 4개의 경계주와 테네시, 버지니아, 루이지애나 등 북부군이 점령한 주의 노예는 대상에서 제외됐어. 연합국에서 이 선언을 무시한 건 당연하겠지? 그래서 링컨은 결국 이

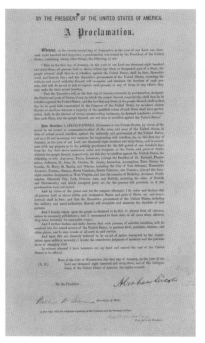

노예해방선언문.

선언으로 단 한 명의 노예도 해방시키지 못했어. 이 선언의 완성은 1865년의 수정헌법 13조에 의해 이루어져.

그러나 노예해방 선언은 여러 의미를 갖고 있었어. 특히 명분 없는 전쟁이었던 남북전쟁의 목적을 연방 구하기에서 노예제 종식을 위한 것으로 전환하는 효과가 있었거든. 인류의 보편적 가치인 인권을 위한 도덕적 이상을 부여하는 전쟁이 된 거지.

연방군의 승리

노예해방 선언 이후에도 전투는 계속됐어. 연방군은 서부에서 많은 성공을 거두는 한편 남부에 있던 율리시스 그랜트Ulysses S. Grant 장군이 서부의 길을 따라가며 여러 연합군 요새를 탈환했거든. 특히 실로Shiloh 전투에서 대규모 연합군을 패퇴시켰어. 동시에 연방 해군은 미시시피 강을 따라 항해하며 뉴올리언스를 공격해. 연합군이 미시시피의 빅스버그Vicksburg 절벽에서 연방군의 배를 공격하자 강을 통제하기 위해 그랜트는 빅스버그를 탈환하지. 연방군의 제2의 목표인 미시시피 협곡도 제패했어. 그 공으로 그랜트 장군은 1864년 연방군 최고사령관에 올라.

연방군은 또한 동부의 주요 전투에서도 승리를 거뒀어. 연방군은 7월 1일 게티스버그 근처에서 리 장군과 만나지. 이틀 동안 공방을 거듭하다가 사흘째 되던 날 리 장군의 마지막 공격 명령이 떨어졌어. 11만 4,000명의 연합군이 연방군을 향해 돌진했지. 하지만 이미 준비하고 있던 연방군이 그들의 공격을 저지했어. 연합군의 절반이 죽거나 다쳤지. 연방군은 빅스버그와 게티스버그에서 승리했어. 이렇게 1863년 7월은 전쟁의 전환점이었지. 사실 게티스버그 전투는 연맹군이나 연합군 입장을 떠나 희생자가 너무 많아 미국인 모두에게 큰 충격을 준 전쟁이었어. 몇 년 후 전몰자를 위한 묘지와 충혼탑이 건설되자 헌납식에 직접 참석한 링컨이 짧지만 임팩트한 그 유명한 게티스버그 연설을 하지.

게티스버그 연설 게티스버그에 세운 전몰자 충혼탑 기념식에서 연설하는 링컨 대통령.

"인민의, 인민에 의한, 인민을 위한 정부가 지상에서 사라지지 않 도록 하는 것입니다."

이제 북부는 전쟁에서 승리할 수 있다는 희망을 갖기 시작했 어. 하지만 연합군의 저항은 여전히 격렬했지. 전쟁을 끝내기 위 해서는 남부의 전투력을 파괴해야 한다고 여긴 링컨은 아주 터 프한 율리시스 그랜트Ulysses S. Grant를 사령관으로 기용해. 그랜 트는 로버트 리를 패퇴시키고 리치몬드를 탈환하기 위해 버지니 아로 향했어. 윌리엄 테쿰세 셔면William Tecumseh Sherman 장군의 애틀랜타 탈환, 연방 해군의 앨라배마 모빌만Mobile Bay 탈환 등 1864년 재선을 앞둔 링컨에게 큰 선물을 안겼지.

1864년 셔먼이 조지아로 진격할 동안 그랜트는 버지니아 리치
몬드로 향했어. 리는 그랜트 군대와 싸우기 위해 모든 전술을 동
원했지만 점점 남으로 남으로 밀렸지. 1864년 6월, 양쪽 군대는
리치몬드 근처에서 서로 대치했어. 그리고 거의 1년 동안 그곳에
머물면서 어느 쪽도 상대편을 굴복시키지 못해. 그렇지만 연방군
은 점점 더 힘이 세졌어. 음식과 장비 지원이 안정적으로 이루어
졌거든. 반면 리의 군대는 허우적거릴 수밖에 없었어. 연합정부
는 보내줄 더 이상의 군인과 보급품이 없었거든. 상황이 이 정도
면 이미 승패는 난 셈이지. 1865년 4월 9일, 애퍼매턱스 코트 하
우스Appomattox Court House라 불리는 타운 근처에 있던 연합군의
리 장군은 어려운 결정을 내렸어.

"그랜트 장군을 가서 보는 것 말고는 내게 남겨진 일은 없다."

그랜트와 리는 그곳의 한 집에서 만났어. 리는 항복에 동의했
어. 그랜트는 리의 군대는 집으로 돌아갈 수 있다면서 2,500명분
의 음식을 굶주린 연합군에게 보내지. 그리고 그랜트는 그의 군
대에게 기념하지 말라면서 이렇게 말해.

"전쟁은 끝났다. 반란자들은 다시 우리국민이다."

리의 항복 소식은 삽시간에 퍼져나갔어. 노스캐롤라이나에 있
던 연합군도 셔먼에게 항복했어. 몇 군데에서 전투가 계속되긴
했지만 6월 하순에는 모두 조용해졌어. 마침내 4년에 걸친 남북
전쟁이 끝난 거야.

남부의 연방 재가입

남북전쟁이 끝남에 따라 미국인들이 해결해야 할 큰 과제는 둘로 쪼개진 나라를 전쟁 이전 상태, 즉 다시 하나로 만들어야 하는 것이었어. 물론 남부가 연방에 다시 참가하면 될 일이라고 쉽게 말할 수 있지만 그게 말처럼 간단치가 않았거든.

그랜트 장군의 어록이나 링컨 대통령의 입장을 보면 대통합이지만 실제 국민들의 밑바닥 민심은 달랐어. 북부는 남부의 연방 복귀를 달가워하지 않았거든. 남부가 전쟁 책임을 져야 한다고 생각했지. 남부를 벌주자는 사람까지 있었어. 물론 남부의 연방 복귀에 적극적인 사람들도 있었지만 소수였고.

링컨은 북부사람들에게 남부에 대한 분노를 잊자고 호소했어. 그러면서 패배한 주들에게 빨리 새로운 주정부를 구성하여 연방에 복귀하라고 말했어. 그런데 예기치 않은 또 다른 비극이 일어나. 1865년 4월 14일 저녁, 워싱턴의 포드극장으로 연극을 보러 갔던 링컨이 암살당한 것. 암살당할지 모르니 가지 말라고 참모들이 말렸지만 링컨은 말을 듣지 않았대. 링컨은 조금 늦게 극장에 도착했어. 막 시작했던 연극은 대통령에 대한 예의로 잠시 중단하고 링컨을 맞았지. 다시 연극이 시작된 지 한 시간쯤 흐른 저녁 10시 13분 경, 탕! 하고 한 발의 총성이 울렸어. 링컨이 자리에 앉은 채 푹 쓰러졌어. 암살자는 무대로 올라와 "폭군의 운명은 이런 것이다!"고 소리치고는 사라졌어. 링컨은 4월 15일 오전 7시

20분 숨을 거뒀어. 범인은 4월 26일 버지니아의 볼링그린의 한 연초건조장에서 추격대에 의해 사살됐어. 배우인 존 윌크스 부스 John Wilkes Booth. 그는 연합군 지지자로, 남부의 패배에 대해 심히 분노하고 있던 인물이었대.

링컨의 죽음으로 당시 부통령이었던 테네시 출신의 앤드루 존 슨Andrew Johnson이 헌법에 따라 대통령 자리를 계승했지. 존슨은 1865년부터 실천에 들어간 링컨의 재건기 계획을 그대로 집행했어. 연방정부는 남부의 주들에게 재빨리 새로운 주정부를 구성하고, 주 헌법으로 노예제를 폐지할 것을 요구했어. 그러나 존슨은 노예제 문제와 상관없이 원하는 주는 모두 연방에 복귀할 수 있도록 했어.

재건기 동안 의회는 3개의 헌법 수정조항을 만드는데, 특히 통틀어 13번째이자 이번 수정의 첫 번째 조항은 1865년 각 주들이 통과시켰던 수정조항을 비준하는 것이었어. 이로써 노예제를 완전히 종식시켰지. 14번째 수정조항은 아프리카계미국인들에게 시민권을 주는 것이었는데, 거의 모든 남부 주들이 비준을 거부했어. 그러나 의회는 남부 주들이 연방에 재참가하기 위해서는 14번째 수정조항을 비준해야만 한다고 선언했어.

1865년에 실시된 의회선거에서 공화당 급진주의자들이 압승을 거두면서 의회는 수정헌법 14조를 받아들인 테네시를 제외하고 나머지의 연방 복귀를 무효화하는 법안을 통과시켰어. 존슨이 노예제 폐지와 상관없이 연방 복귀를 허용하자 복귀한 주들이지. 그리고 남부를 5개의 점령지로 나눠 관구사령관 감독 하에 흑인이 참여하는 의회 재선거를 실시해. 그 결과 남부의 모든 주에서 급진주의자들이 과반을 차지. 그러자 각 주 의회들은 수정헌법 14조를 받아들이고 연방에 재가입해. 노예제 폐지가 연방 재가입의 조건이었고, 그게 충족되지 않자 편법을 동원했던 거지.

【쿠클럭스클란】
남북전쟁 직후인 1865년 노예제 폐지에 반발하여 남북전쟁 때 남부군 기병대장이었던 네이턴 베드포드 포레스트(Nathan Bedford Forrest) 주도로 설립된 백인비밀결사체. 얼굴을 흰 두건으로 가리고 행동하는 쿠클럭스클란은 흑인들의 집을 불태우고 무차별 테러도 서슴지 않아. 폭력성이 문제되어 1870년 경 법으로 금지하였으나 1915년부터 다시 활동을 재개하여 오늘날에도 존재한대. 목표는 백인의 인종적 지배라나 뭐라나.

상황이 이렇게 되니까, 남부로서는 심한 모욕감에 시달렸어. 남부는 여전히 노예제에 대한 미련을 버리지 못하고 있었거든. 그래서 '흑인법Black Codes'을 제정했어. 예전의 노예들에게 여행, 투표, 확실한 직업에서 일하기 등에 제한을 두는 내용이었어. 쿠클럭스클란Ku Klux Klan, 약칭 KKK 같은 극우비밀결사체까지 등장해 흑인들에 대해 테러를 자행하는 일이 일어나지. 하지만 아프리카계미국인들은 새로운 세상을 만난 셈이었어.

"내게 더 이상 쇠사슬은 없다, 더 이상, 더 이상!"

1870년 의회는 아프리카계미국인에게 투표권을 보장하는 15번째 수정조항을 통과시키지. 15번째 수정조항은 곧바로 효력이 발생했어. 아프리카계미국인이 정부 요직에 참가하기 시작해. 이들 중에서 커뮤니티와 주정부의 지도자가 나왔지. 미시시피의 블

란체 브루스Blanche K. Bruce와 히람 레벨스Hiram Revels 두 사람이
최초로 흑인 출신 상원의원이 되었지.

인종차별이 더 심해지는 남부

재건기는 남부에서 플랜테이션 제도도 종식시키는 결과를 가
져왔어. 자유를 찾은 사람들은 스스로 농사짓기를 원했던 거야.
그렇지만 땅을 살 돈이 없었어. 그러자 지주들은 소작을 주었어.
소작이란 땅이 없는 사람이 지주에게서 땅을 빌려 농사를 짓고,
그 땅에서 난 수확의 일부를 땅 사용료로 주는 기, 알지? 소작은
아프리카계미국인들이 독립하는데 도움이 컸어.

1877년에 재건기가 끝났어. 헤이스Rutherford B. Hayes 대통령
은 재건기가 끝났으니까 남부에 있던 정부군에게 떠나라고 명령
하지. 그러자 보호자가 없어지면서 많은 아프리카계미국인은 다
시 투표할 수 없게 되었고 정치적 힘을 잃었어.

남부 주들은 흑인차별법인 짐크로법Jim Crow Law을 통과시켰
어. 짐크로흑인생활을 주제로 한 연극의 주인공 이름는 아프리카계미국인
과 미국인 들을 분리하는 법의 별칭이야. 인종분리정책을 합법
화한 이 법은 학교, 병원 그리고 묘지에서조차 분리하도록 했어.

하지만 아프리카계미국인들은 흑인차별법이 그들의 희망을 파
괴하도록 내버려두지 않았어. 교육만이 그들에게 보다 나은 삶의

기회를 준다고 믿었기에 아프리카계미국인을 위한 새로운 학교와 칼리지가 문을 열었어. 북부의 교회들은 이 새로운 학교를 지원하기 위해 돈과 교사를 보냈고. 1881년 노예였던 부커 워싱턴Booker T. Washington이 앨라배마에 터스키기 인스티튜트Tuskegee Institute를 열었어. 터스키기의 모든 학생과 교사들은 아프리카계미국인이었어. 워싱턴은 만약 아프리카계미국인이 유용한 기술을 배우고 습득하면 동등한 대우를 받을 수 있다고 믿었어.

이렇게 미국은 내전을 겪으면서 심하게 분열되었다가 다시 하나가 되고 있었어. 남부에서 아프리카계미국인에 대한 차별이 심화되는 등 해결되지 않은 문제들이 있었지만 미국역사의 수레바퀴는 앞으로 나아가고 있었던 거야. 남북전쟁 얘기는 여기까지.

제8강

미국, 서부를 본격 개척하다!

사실 미국은 노예제를 둘러싸고 남과 북이 서로 적이 되어 싸우는 이른바 내전Civil war을 겪었잖아. 내전은 다른 나라와의 전쟁보다 더 심각한 후유증을 남겨. 나라 밖의 적이 아니라 국민들끼리 서로 적이 되어 싸우니까 그래. 전쟁이 끝났다 하더라도 패자가 쉽게 승복하기 힘들어. 전쟁이 끝난 게 서로 진심으로 승복한 결과라기보다 힘의 불균형에 기인한 것이거든. 그러니 진 쪽에서는 속마음까지 인정하기가 어려워. 그래서 서로 화해와 통합을 이루도록 힘을 합치는 노력을 해야겠지. 예전처럼 관계를 회복하기까지는 시간이 많이 필요해. 한편으로는 폐허를 복구하기 위한 인적 물적 자원을 투입해야 하고. 앞에서 잠깐 얘기한 것처럼 재건기를 갖지. 이러는 가운데 이 무렵 미국의 또 다른 관심사가 있었어. 궁금하지? 바로 서부에 대한 본격 개척이었어. 이번 시간은 '미국, 서부를 본격 개척하다!'라는 제목으로 강의해볼게.

대륙횡단철도의 건설

미국은 남북전쟁 전에 이미 태평양에 도달해 있을 만큼 영토를 많이 확장했었거든. 그러나 활용 면에서는 그다지 효율적이지 못했어. 미시시피 강을 건너 서쪽으로 가면 황무지나 다름없었지. 사람이 살지 않는 땅이 무슨 의미가 있겠어.

또한 노예에서 해방된 아프리카계미국인을 비롯한 농부들은 살기가 아주 팍팍했어. 살길은 오로지 공장에 취직하는 것뿐이니 너도나도 도시로 몰려들면서 도시에 주택이나 일자리 등 여러 가지 문제가 생기기 시작했지. 상황이 이렇게 암울하게 되자 미국 정부는 뭔가 특단의 대안이 필요했어. 그 대안이 바로 서부였어. 광활한 미개척지인 서부가 뭔가를 해결 줄 수 있을 것 같았거든.

그런데 서부로 가는 길은 결코 쉽지 않았어. 국토를 남과 북으로 가로막은 로키산맥이 너무 거대했지. 모험가들이 정복욕을 위해 등반을 하는 경우엔 가능할 수 있을지라도 보통사람들이 살림을 짊어지고 넘어가기에는 거의 불가능에 가까웠어. 당시 미국 동부에서 서부의 캘리포니아로 가려면, 뉴욕에서 배를 타고 남미 대륙의 끝 케이프혼Cape Horn을 돌아가거나, 파나마 해협까지 배 타고 가서 거기서 태평양까지 걷고 거기서 다시 배 타고 가거나, 아니면 아예 목숨을 걸고 생다지 걸어서 가거나 해야 했었지. 성공 여부는 아무도 몰라. 어느 것 하나 만만치 않아.

그러자 서부에 희망을 건 미국 정부는 이때 서부로 갈 수 있는 인프라 구축에 적극 나섰어. 이른바 대륙횡단철도 건설. 대륙횡단철도 건설의 시작은 남북전쟁이 한창이던 1862년 '태평양철도법Pacific Railway Act'이 통과되면서부터야. 유니온퍼시픽Union Pacific과 센트럴퍼시픽Central Pacific이라는 두 철도회사가 공사를 맡았는데, 유니온퍼시픽은 동쪽 네브래스카에서 시작하여 서쪽으로, 센트럴퍼시픽은 서쪽 캘리포니아에서 시작하여 동쪽으로 건설하도록 하였어. 완공은 두 회사가 건설해 나가다가 서로 만나서 연결되면 되는 거야.

애초 의회에서 노선 선정을 둘러싸고 논란이 많았어. 어디로 지나가느냐에 따라 역 주변의 마을은 발전 가능성이 높기 때문이지. 우리나라에서 유행하는 부동산 용어로 설명하면 소위 '역세권'이 최고지. 남부 의원들은 텍사스 주와 애리조나 주 남쪽을 지나가는 노선을, 북부 의원들은 유타 주를 경유하는 중부 노선을 각각 주장했지. 몬태나 주를 경유하는 북부 노선 얘기도 있었지만 눈이 많이 오는 지역이라 실효성 문제로 논의에서 제외됐어. 결국 남북전쟁 때여서 남부 의원들이 없는 틈을 이용하여 북부의원들이 중부노선으로 결정했지.

이리하여 유니온퍼시픽은 동쪽 네브래스카 주 오마하에서, 센트럴퍼시픽은 서쪽 캘리포니아 새크라멘토에서 각각 공사를 시작했어. 유니온퍼시픽은 참전용사와 아프리카계미국인, 아일랜드 이민자 들을 중심으로 고용한 반면 센트럴퍼시픽은 중국인을 주로 고용했어. 골드러시 때 캘리포니아에 들어온 중국인들은 낮

대륙횡단철도 연결 1869년 프로몬토리 포인트에서 열린 철도 연결 행사.

은 임금에도 불구하고 일을 잘했대. 나중에는 홍콩에서 직접 모집해올 정도로 중국인 인부가 인기 있었다고 해. 샌프란시스코에 미국 최대의 차이나타운이 형성된 것도 바로 이 때문이래.

철도는 단선으로 건설되었어. 15마일마다 동행선과 서행선이 교차할 수 있는 역을 만들었지. 시작할 때는 평지여서 공사가 순조로웠지만 시에라 네바다 산맥을 통과해야 하는 지형에 이르러서는 공사에 어려움이 많았대.

공사 시작 6년 5개월 후인 1869년 5월 10일, 유타 주 프로몬토리 포인트Promontory Point에서 동과 서에서 달려온 철로가 드디어 만났어. 이 지점에 순금 지주못을 박으면서 대륙횡단철로의 연결을 축하했대. 유니온퍼시픽이 1,087마일, 센트럴퍼시픽이 690마일을 건설했어. 센트럴퍼시픽이 적은 것은 산악과 사막지대가 많았기 때문이야. 그리고 유니온퍼시픽은 1872년 미주리 강 위에 다리를 놓아 기존 동부 철로와 연결하고, 센트럴퍼시픽은 샌프란시스코 만의 오클랜드Oakland까지 연장하여 명실상부한 미 대륙횡단철도를 완성하지. 1876년 운행을 시작한 급행열차Transcontinental Express가 뉴욕에서 샌프란시스코까지 83시간 39분에 주파해. 예전에는 6개월 정도 걸렸다나.

그런데 이 엄청난 뉴스가 완공식과 거의 동시에 동부를 비롯한 미국 전역에 전달됐대. 당시 동부에서 이 소식을 들으려면 적어도 일주일 이상 걸렸어. 어떻게 그런 획기적인 변화가 있었을까? 그렇지. 전신 때문이야. 1800년대 초에는 편지와 뉴스는 말이나 역마차, 또는 증기선에 의해 전달됐어. 그런데 새뮤얼 모스Samuel Morse가 1844년에 워싱턴D.C.에서 볼티모어까지 단 수초 만에 메시지를 전달하는 전신을 발명한 거야. 전신은 전신 라인을 타고 전자 신호를 보내는 기계를 말하는데, 점과 대시-로 된 코드로 메시지를 보내. 기자들은 기사를, 사람들은 가족과 친구들에게 메시지를, 은행가들은 사업정보를 보내기 위해 전신을 사용했어. 남북전쟁 동안에는 전투계획을 보내기도 했대.

이 소식을 접한 미국인들은 퍼레이드를 벌이고 축하연설을 하는 등 난리였어. 대륙횡단철도와 전신은 사람과 상품, 그리고 정보가 동과 서를 가로질러 훨씬 쉽고 빠르게 왔다 갔다 하도록 만들었어. 이것은 단절돼 있던 동부와 서부가 소통한다는 의미를 넘어 정치 경제 문화 등 전반적인 문명들이 교류하여 변증법적 통일을 이루며 미국역사를 또 한 번의 큰 걸음으로 내딛게 만들었어.

대평원과 홈스테드법

서쪽으로 쉽게 갈 수 있게 되자 사람들의 서부로의 이동이 급증하기 시작했어. 서부에서 관심을 끈 지역은 특히 대평원이야. 캐나다에서 텍사스까지 그리고 로키산맥 동쪽에서 미시시피 강까지 뻗은, 미국 국토의 한 가운데를 차지하고 있는 곳 말이야. 사실 대평원은 평지로 나무는 거의 없고 풀로만 뒤덮여 있을 뿐만 아니라 겨울은 몹시 춥고 긴데다 토네이도까지, 여름에는 가뭄이 심한 곳이었어. 이러니 사람이 살 수 있겠어? 그래서 금 캐러 서부로 가던 사람들이 여기를 거쳤지만 멈추지 않고 그냥 지나쳤던 거지.

미국 정부는 대평원에 사람들이 정착하게 할 수 있는 방법이 뭘까 고민했어. 드디어 방법을 찾았어. 1862년에 '홈스테드법 Homestead Act'라 이름 붙여진 법을 제정했던 거야. 우리말로 번역하면 '자작농지법'이라고 할 수 있지. 그런데 담고 있는 내용이 눈길을 끌어. 대평원의 국유지에 5년간 살며 개척하면 누구든

지 160에이커의 땅을 무상으로 받을 수 있다는 거야. 1에이커가 4,046㎡, 이걸 우리가 익숙한 평수로 환산하면 1,224평 정도. 여기에다 160을 곱하면 답이 얼마야? 195,840평. 얼마나 큰 땅인지 짐작이 안 가지?

이 법안의 효과는 컸어. 가난한 동부 사람들이 대거 대평원으로 몰려왔어. 국적도 불문에 부치고, 지원하는 사람 누구에게나 미국시민권도 주었던 터라 독일, 스웨덴, 노르웨이, 덴마크, 그리고 네덜란드에서 많은 사람들이 이주해왔어. 1860년과 1890년 사이 네브래스카 주의 인구가 1백만 명 이상 증가했다니 얼마나 많은 사람들이 이주했는지 알만 하지?

남부의 아프리카계미국인들 또한 대평원에서 농장을 시작하기를 갈망했어. 가난한데다 편견과 폭력까지 시달려야 하는 이들은 투표하려다 사업하려다 공격을 받거나 피살되기도 했거든. 그런 가운데 아프리카계미국인인 벤저민 싱글톤Benjamin Singleton이 1873년 이들에게 굶주림을 피해 남부를 떠나자고 권유해. 캔자스를 특별히 좋아하는 싱클톤은 캔자스 땅에 대한 정보를 담은 광고를 인쇄해 아프리카계미국인들에게 나눠주었어. 1877년에서 1879년 사이에 1만 명의 아프리카계미국인들이 캔자스와 대평원으로 이주하지. 그곳에서 이들은 법을 만들어 운영하면서 편견으로부터 자유로워졌음을 느꼈어. 이들은 스스로를 성경의 엑소더스에서 따서 '엑소더스터Exoduster'라고 불렀대.

대평원으로 이주는 했지만 그곳이 낙원은 아니었어. 기후나 환경이 사람이 살기엔 그다지 적합하지 않았거든. 이들이 가장 먼저 만난 시련은 집 짓는 문제. 대평원에는 나무가 거의 없었어. 뗏장을 조각으로 잘라 벽돌처럼 사용하여 집을 지었는데, 뗏장에 붙은 흙이 여름에는 시원하게, 겨울에는 따뜻하게 해주었지만, 폭풍이 불면 물이 새기도 했고, 뱀과 같은 동물들이 흙벽을 파기도 했어. 그뿐이 아니었지. 건조기에는 대초원의 화재가 무서웠고, 메뚜기 때문에 골치 아팠어.

여기에다 땅의 흙은 또 어땠는데. 쟁기질조차 하기 힘든 땅. 씨앗을 심기 전에 먼저 두꺼운 흙부터 부셔야 했어. 나무 쟁기는 어림도 없었지, 땅속 깊숙이 밀어 넣기 위해 쇠쟁기를 사용해야만 했어. 쟁기질이 끝나자 이번에는 메마른 기후에서도 자랄 수 있는 농작물을 찾는 것이 문제였지. 동부에서 잘 자라던 밀이 대평원에서는 자라지 않았어. 그래서 유럽 이민자들이 미국으로 건너올 때 가져온 밀을 심어보았어. 유럽의 메마른 초지에서 자랐던 밀이라 동부 밀보다 더 잘 자랐다고 해.

비가 거의 오지 않아서 물을 퍼 날라야 하는 고통도 있었어. 더군다나 사람들이 많이 살지 않아서 노동자를 고용할 수도 없었어. 가족끼리 그 힘든 일을 다 해내야 했지. 그러다 쟁기나 파종기, 수확기, 탈곡기 같은 개선된 농기구가 들어오면서 상황이 조금씩 나아지기 시작했어.

텍사스 소와 소몰이

대평원의 남쪽인 텍사스는 남북전쟁 전후에 걸쳐 20여 년 동안 소 방목이 이루어진 곳으로 유명하지. 주로 롱혼longhorn 종. 이 소는 이름 그대로 뿔이 길고 터프한 동물이야. 롱혼이 북아메리카에 들어온 것은 스페인 이민자들에 의해서래. 롱혼은 풀밖에 먹지 않아서 물이 부족한 대평원에서 기르기가 안성맞춤. 소들은 흔히 집에서 멀리 떨어진 평원에서 풀을 뜯기 마련이었는데, 소를 감시하기가 여간 힘들지 않았어. 그래서 소 모는 법이 개발되었지. 스페인 식민지였다가 미국으로 편입한 텍사스에는 말을 타고 소를 모는 기술이 뛰어난 멕시코계미국인들이 유독 많이 살고 있었어. 당연히 멕시코계 목동들이 귀한 존재가 되었지.

그런데 소가 지천으로 깔린 텍사스에는 정작 소를 살 사람이 거의 없었대. 텍사스에서 소 한 마리 값이 단지 4달러 정도. 하지만 동부나 북부에 가면 40달러나 나갔대. 그래서 텍사스 목장주들은 소를 북부나 동부에 팔기 위한 운반수단을 고민했지. 대륙횡단철도를 이용하자, 이렇게 된 거야. 그런데 기차역까지 어떻게 소를 운반할 것인가. 당시 이용할 수 기차역은 캔자스의 애빌린Abilene, 위치토Wichita, 앨스워스Ellsworth 등이었어. 목장주들은 이 기차역까지 소를 몰고 가기로 하지. 이때 멕시코계 카우보이들의 활약이 돋보였어.

기차역까지 이루어지는 소몰이cattle drive는 물과 풀을 이용할 수 있는 곳을 따라가기 마련인데, 보통 수 주에서 수 개월 걸렸대. 심지어 수천 마일 떨어진 곳에서 몰고 오는 경우도 있었고.

소몰이는 무척 힘든 일이었대. 왜 안 그렇겠어. 우리나라에서 집 나가면 개고생이라는 광고가 히트한 적 있잖아. 정말 집 나가면 개고생이야. 위험하기까지 하지. 서부영화 보면 무법자와 총격전도 불사하잖아. 보통 소몰이 12명이 3,000마리의 롱혼을 몰며 돌봤대. 말을 탄 채 하루에 10시간에서 14시간 동안 일해야 하는 중노동이래. 밤에는 땅바닥에서 담요를 감고 잠을 자면서 짐승과 도둑으로부터 소를 지키기 위해 돌아가면서 감시까지 해야 했지. 소몰이의 막바지에 이르면 대부분의 소몰이는 탈진한다고 해. 그래서 그들은 소몰이가 끝나는 종착역에 도착하면 스트레스를 풀기 위해 흥청망청 음주가무를 즐겼대.

소몰이는 1860년대에 시작하여 1880년까지 단지 20여 년간 지속됐다고 해. 가시철망의 발명이 소몰이 중단의 원인이라고들 하지. 대평원을 가로지르는 트레일도로이나 농장 둘레를 따라 가시철망을 친 담장이 생겨나서 다닐 수 없게 되었기 때문이야. 철도의 증가도 무시할 수 없는 요인이지. 1870년대에 텍사스에도 철도가 건설되었는데, 멀리 가지 않아도 되니까 굳이 소몰이를 할 필요가 없었지. 1880년대 중반쯤에 이르러서는 초원에 소들이 뜯을 풀이 충분하지 않게 되었어. 그동안 너무 많은 소들이 풀을 뜯었기 때문이지. 설상가상으로 1886년에서 1887년까지 이어진 겨울 추위로 수천 마리의 소가 죽었대.

평원을 둘러싼 갈등

　1840년대 초부터 시작된 서부 개척의 역사는 동전의 양면처럼 한쪽에는 이득이 있었지만 다른 한쪽엔 피해를 가져다주었어. 서부가 미국인유럽 이주민에게는 미지의 땅이었을지 몰라도 실상은 그렇지 않지. 그곳엔 엄연히 조상 대대로 살고 있는 사람들이 있었잖아. 인디언이 그들이지. 남북전쟁이 시작될 무렵인 1861년경 미국에는 30만 명 정도의 인디언이 있었다고 해. 이 중 20만 명이 대평원에 살고 있었다지.

　그런데 미국 정부는 이들을 대수롭지 않게 여겼어. 미국인들에게 땅을 나눠주기 위해 원주민들에게는 그냥 그곳을 나가라고 한 거지. 앞에서 잠깐 얘기했었던 잭슨 대통령 때 설정한 인디언보호구역Reservation으로 이동하라고 한 거야. 인디언들은 조상대대로 살아오던 터전을 정당한 이유도 보상도 없이 강제로 떠나라는 명령을 받아들일 수 없었지. 인디언보호구역은 인디언들이 갖는 땅이라고 약속했지만 그게 무슨 의미가 있겠어.

　정부 관리들은 평원인디언들이 인디언보호구역으로 이동하여 농부가 되길 바랐어. 그러나 라코타족Lakota이나 아라파호족Arapaho은 농사짓기를 원하지 않았거든. 그들은 말 타고 버펄로를 사냥하며 사는 유목민 생활을 더 좋아했지. 그래서 그들은 인디언보호구역으로 쫓아내려는 군인들과 싸웠어. 때때로 그들을 살던 지역에서 떠나도록 만든 이주민들과 광부들도 공격했고.

교과서에는 안 나오는 얘기지만, 인디언보호구역 안에서의 삶은 또 어땠는데. 인디언보호구역에 내무성 소속 관리를 파견하여 생활 전반을 관리감독 했대. 말이 관리감독이지 감시야. 백인과 충돌하면 군을 투입하여 해결한다든가, 악덕상인과 결탁하여 부당한 방법으로 탄압과 착취를 일삼았지. 그러니 아무 걱정 없이 잘 살다가 하루아침에 쫓겨난 인디언들로서는 억울함의 차원을 넘어 분노에 치를 떨지 않겠어?

남북전쟁 당시인 1864년 군인들이 콜라라도의 샌드 크릭Sand Creek 근처에 사는 샤이엔족Cheyenne을 공격했는데, 모두들 깊은 잠에 빠져 있었어. 추장 블랙 케틀Black Kettle이 항복 표시로 하얀 깃발과 미국 국기를 들어 올렸지만 군인들은 이를 무시하고 남자 여자 아이 절반쯤 죽이는 끔찍한 대학살을 자행하지.

사우스다코타와 와이오밍의 블랙힐Black Hill은 라코타족Lakota에게는 아주 신성한 지역이야. 1870년대 초 조지 커스터George Custer라 불리는 한 중령이 군대를 이끌고 블랙힐로 와서 금을 발견해. 그러자 수천 명의 라코타족과 샤이엔족Cheyenne이 블랙힐을 지키기 위해 모여들었어. 1876년 6월 커스터 군대는 라코타족과 샤이엔족을 인디언보호구역으로 강제이주시킬 요량으로 몬태나의 리틀빅혼 강Little Bighorn River의 인디언 마을을 공격했거든. 크레이지 호스Crazy Horse와 갤Gall, 그리고 시팅 불Sitting Bull의 활약으로 인디언들이 승리하지. 당시 모든 미군이 죽었어. 이 리틀빅혼 전투는 미국역사에서 인디언들이 그들을 인디언보호

고스트 댄스 버펄로가 돌아오고 죽은 인디언이 부활한다고 믿으며 춤을 추는 인디언.

구역으로 보내려는 노력에 맞서 어떻게 싸웠는지를 보여주는 상징적인 사건이야.

운디드 니와 시팅 불

1880년대 후반, 평원인디언들은 그들의 삶을 개선시키기 위한 몇 가지 방법을 찾아내려고 고심해. 당시 인디언들은 고스트댄스 ghost dance, 죽은 사람의 영혼과 통하기 위해 추는 종교적인 춤라 불리는 종교를 믿기 시작했어. 이 종교는 버펄로가 되돌아오고 죽은 인디언이 부활한다고 가르쳤어. 평원인디언들이 점점 더 이 고스트댄스에 빠지자 정부는 고민이 깊어졌어. 고스트댄스로 인해 또 다른 전쟁이 일어날지도 모른다는 생각이 들었던 거지.

샤이엔족의 시팅 불 역시 고스트댄서가 되었는데, 정부로서는 리틀빅혼 전투의 영웅이 고스트댄서가 되는 것은 심각한 문제라고 여겼어. 하여 그를 체포하기 위해 경찰을 보내는데, 저항하는 과정에서 시팅 불이 살해당해. 시팅 불의 죽음은 고스트댄서들에게 위기감을 가져다주었어. 그들도 똑같이 살해당할까 봐 두려웠던 거지. 그러자 추장 빅 푸트Big Foot가 이끄는 많은 고스트댄서들이 사우스다코타의 배드랜드Badland에 숨었어. 1890년 12월 29일 아침 군대는 빅 푸트와 그의 추종자들을 운디드 니 크리크에서 붙잡아서 남자든 여자든 어린아이든 무참하게 죽이지. 이 사건이 바로 '운디드 니 대량학살'이야.

상황이 이렇게 되자 정부는 평원인디언들이 인디언보호구역으로 갔다고 해도 문제가 해결되는 것은 아니라는 걱정이 앞섰어. 그래서 고안해낸 것이 인디언들이 고유의 삶의 방식을 포기하도록 하면 될 것 같다고 생각했지. 인디언들을 미국인 생활에 동화되도록 만들면 되겠다 싶었던 거야. 고스트 댄스 같은 종교적 관행을 불법으로 만들어 변화하도록 하는 한편 인디언들로 하여금 아이들을 이들의 언어와 전통의상을 허용하지 않는 학교에 보내도록 했어. 일종의 인디언문화 말살 정책. 많이 들어봤지? 일제가 우리에게 했던 방법과 비슷하지? 문화 말살 정책.

1887년 의회가 인디언들을 위한다는 명목으로 '도스법Dawes

Act'을 제정하지만 실효는 거두지 못해. 인디언보호구역의 땅을 작은 조각으로 쪼개어 일부를 인디언들에게 농사를 짓도록 주고 나머지 땅은 이주민들에게 팔았어. 하지만 인디언들이 농사짓는 법을 모르기도 하였거니와, 땅이 척박해 성공할 수가 없었지. 인디언들의 인디언보호구역에서의 삶은 불행했어. 오죽했으면 라코타족 지도자 크레이지 호스가 이런 말을 했을까.

"우리의 의지에 반해서 주어진 인디언보호구역에서 게으르게 사느니 사냥하며 사는 것이 더 낫다. 우리 모두는 평화를 원하고 홀로 남겨지길 원한다."

이렇게 서부개척 시대에도 인디언들의 삶에는 희망이라곤 눈 씻고 찾아봐도 없을 정도였어. 글쎄, 함께 살아야 할 땅을 놓고 굴러 들어온 돌의 위세가 박힌 돌쯤은 우습게 보는 모습. 결코 바람직스럽지 않지.

아무튼 서부 개척시대 이야기는 이쯤할게. 다음 시간에는 미국의 새로운 도약에 대해 알아보자.

제9강

미국, 다시 태어나다!

이번 시간에는 '미국, 다시 태어나다!'라는 주제로 19세기 후반의 미국역사를 들여다보려고 해. '다시 태어나다'라 함은 독립전쟁과 남북전쟁을 거치면서 독립과 건국, 분열과 통합의 시대를 헤쳐 온 미국이 1800년대 초반까지 다진 기틀을 토대로 세계의 강자로 등장한다는 의미야. 그럼 미국을 세계무대의 강자가 되게 한 밑바탕이 무엇인지부터 살펴보자.

발명의 시대

미국의 경제가 발전하는데 있어서 결정적인 역할을 한 게 뭘까? 난 발명이 아닌가 생각해. 발명 하면 떠오르는 사람 있지? 토머스 에디슨Thomas Edison. 1,000개 이상의 제품을 발명해 발명의 아버지로 추앙받는 그가 축음기1877년를 발명해 음악이나 연설 같은 소리가 녹음되고 다시 재생되는 '신기한(?)' 제품을 선보이더니, 1879년에는 전구를 개발하지. 전구의 발명은 연기가 나고 불나기 쉬운 가스불을 대체하는 것 이상으로 삶의 방식을 바꾸어 놓았어. 전깃불은 도시의 거리를 환하게 밝혔고, 공장과 상점들이 밤에도 문을 열 수 있게 했지. 해만 지면 하루가 끝나던 문화가 해진 다음에도 계속되는, 혁명 수준의 변화를 가져왔어.

1874년 레밍턴앤선즈E. Remington & Sons가 만든 타자기는 사무노동자들의 근무 여건을 크게 개선했어. 손으로 만들던 문서를 빠르고 깨끗하게 만들 수 있게 됐지. 1876년 알렉산더 그레이엄 벨Alexander Graham Bell이 발명한 전화기 역시 삶을 획기적으로 바꿔놓지. 멀리 떨어져 있는 가족이나 친구들과 얘기하기 위해 직접 왔다 갔다는 일이 더 이상 필요 없게 되었어. 전화는 비약적인 발전을 거듭하여 지금은 아주 똑똑한smart 스마트폰 시대를 구가하고 있잖아.

대기업의 등장

발명은 삶의 질 개선을 넘어서 산업의 틀까지 바꾸었어. 1856년 영국과학자 헨리 베서머Henry Bessemer가 새로운 제강법을 발명해. 크림전쟁1853~1856 때 새로운 총포를 고안하는 과정에서 더 강한 금속이 필요했었는데, 그때 강한 강철을 만드는데 성공했어. 그걸 '베서머 제강법'이라고 불러.

이렇게 비용을 덜 들이고도 고강도 철을 생산할 수 있게 되었는데, 이를 사업에 잽싸게 적용한 사람이 바로 '철강왕' 앤드루 카네기Andrew Carnegie야. 강철레일을 만든 거지. 강철레일은 당시 사용하던 쇠레일보다 훨씬 오래 사용할 수 있었대. 그럼 철도회사가 어느 제품을 사겠어? 더욱이 당시 대륙횡단철도를 비롯해 미국 전역에 철도가 건설되는 중이었으니까 카네기가 돈방석에 앉은 것은 당연하겠지. 강철steel은 쇠iron에다 탄소를 넣어 단단하게 만든 거래.

그런데 카네기는 강철회사만 운영하지 않았어. 관련이 있는 연료회사, 철도 그리고 선박운송까지 하면서 사업을 키우지. 카네기는 연관 회사의 설립을 통해 시너지 효과를 톡톡히 냈어. 가령, 연료회사에서 싸게 연료를 갖다가 배를 운항하면 다른 선박회사와 가격경쟁에서 유리하게 되고, 결국 수주량이 증가하니까 회사의 성장은 당연하지. 카네기는 1900년 미국의 철강생산량의 4분의 1을 차지했을 정도로 사업의 규모를 키웠어. 물론 요즘엔 이 방법이 불법이야. 우리나라의 내로라하는 재벌집 딸이 만든 빵집이 그 재벌이 운영하는 수십 개의 마트에 입점했다가 공정거래위원회에 적발됐잖아. 경쟁자들보다 입점도 쉬웠지만 수수료도 아주 낮게 책정했거든. 다른 빵집들과 공정한 경쟁이 아니라 특수관계를 이용한 불공정 거래라는 게 이유였지.

그런데 뛰는 놈 위에 나는 놈 있다고 카네기의 철강회사보다

철강왕 앤드루 카네기와 오일왕 존 데이비슨 록펠러(오른쪽).

더 큰 회사가 있었어. 스탠더드오일컴퍼니Standard Oil Company. 록펠러John D. Rockefeller가 운영하는 오일회사야. 1870년에 연료와 램프오일을 생산하는 이 회사를 만든 록펠러는 카네기와는 다른 방식으로 기업을 키웠지. 다른 오일회사를 사는 것이었어. 요즘말로 기업 합병M&A이지. 이 방법으로 록펠러는 미국 오일 시장의 90%를 장악해. 그런데 록펠러가 이 회사들을 사들인 이유는 경쟁을 줄이자는 것이었어. 경쟁을 하면 줄어드는 게 뭘까? 이익이지. 경쟁이 심하면 이익은커녕 제 살을 깎아먹기 쉽거든. 반면 독점이 되면 어떻겠어? 소비자들이 품질이든 서비스든 가릴 처지가 아니니까 기업 맘대로 할 수 있지. 이익은 당연히 보장되고. 그래서 록펠러는 기를 쓰고 독점 구조를 만들었던 거야.

그런데 재미있는 것은 돈 벌 때는 터럭만치의 인정도 없는 카네기와 록펠러 둘 다 자선가가 되었다는 사실. 카네기와 록펠러는 부자는 선행을 위해 돈을 써야만 한다고 믿었는데, 카네기는 거의 3,000개 타운에 도서관을 짓는데 3억 5천만 달러를, 록펠러는 약 5억 달러를 학교, 대학, 교회, 병원에 기부하지. 글쎄, 그런다고 그들이 기업 경영에서 저지른 불공정 행위가 씻어질까?

노동조합의 결성

1800년대 말, 기업들은 앞 다투어 기계화를 도입했어. 기계로 작업하면 수작업보다 원가가 훨씬 적게 들면서도 대량으로 만들 수 있거든. 그러니 가격이 싸지고, 누구나 살 수 있고, 소비가 느니까 더 많은 생산을 위해 공장이 커지고, 커진 만큼 고용이 늘고, 이런 선순환적 구조 속에서 경제는 발전하기 시작했지.

그런데 기업은 이익을 더 남기기 위해 원가를 더 낮추려 했는데, 거기서 노동문제가 생기기 시작해. 그렇잖아도 전깃불로 인해 밤낮없이 일하게 돼 같은 임금을 받고도 더 많은 시간을 일해야 하는 등 노동자들에게는 발명이 꼭 좋은 것만은 아니었어.

기업들은 추가 임금 부담 없이 10시간, 12시간씩 일을 시켰지. 거기다가 안전은 뒷전이었어. 많은 노동자들이 사고로 다치거나 죽었거든. 그렇다고 임금이 많았나 하면 그렇지도 않았어. 온 가족이 나가서 일해야 겨우 입에 풀칠할 정도. 열에서 열다섯 살

어린아이도 생계를 위해서 일해야 했을 정도니까 알만 하지? 그렇다고 낮은 임금과 열악한 노동환경을 불평할 수도 없었어. 발각되면 곧바로 해고야. 그 일자리라도 보전하려면 참을 수밖에.

그래서 이런 문제를 해결하기 위해 노동자들이 나섰어. 단체행동을 하면 보다 많은 힘을 가질 수 있기에 노동조합이 필요하다고 인식하게 된 거야. 1869년 최초의 대규모 노동조합인 '노동기사단The Knights of Labor'이 결성됐어. 노동기사단의 목표는 안전한 노동환경 확보와 하루 8시간 노동을 쟁취하는 것. 또 어린이 고용도 중단할 것을 요구했지. 노동조합은 사용자들을 변화시키기 위해 파업이라는 무기를 사용해. 하지만 노동기사단으로는 문제 해결이 충분하지 않다는 생각에서 1886년 '미국노동총연맹American Federation of Labor, 약자 AFL'이 결성되지. AFL은 새뮤얼 곰퍼스Samuel Gompers를 초대 위원장으로 뽑았어. 하지만 초창기 노동조합들은 성공적이지는 못했지. 회사가 파업자를 해고함으로써 파업이 힘을 발휘하지 못했거든. 그래도 노동조합은 노동자들의 권리를 찾기 위한 연대투쟁을 계속했지.

대규모 이민 시대

미국은 서부 개척과 기업들의 대형화, 다양화 등 산업화가 급격하게 진행되면서 일손이 크게 부족하자 이민정책을 적극 펼치기 시작했어. 남북전쟁 이전 같으면 아프리카에서 노예를 들여오면 되겠지만 노예제가 폐지된 마당에 마땅한 대안이 없었지.

1880년에서 1924년 사이에 미국으로 이민 온 사람이 약 2,500만 명에 이를 정도였으니 가히 미국이 이민자의 나라라는 말이 실감나지? 1880년 이전에는 대부분이 아일랜드, 독일, 잉글랜드, 스웨덴, 덴마크 등 북서 유럽에서 이민을 왔는데, 이제는 이탈리아, 러시아, 헝가리, 그리스, 폴란드 등 동부와 남부 유럽에서 오기 시작했어. 멕시코에서도 왔고. 이민자들은 대부분 일자리를 찾아서 왔어. 반면 동유럽에 살던 유대인들은 종교로 인해 다치거나 죽는 경우까지 발생하자 도망치기 위해 왔었지.

이민자들은 미국에 도착하면 우선 이민자스테이션에 가서 뭘 할 것인지에 대해 질문 받고, 또 전염병이 있는지 검사 받아. 유럽인은 뉴욕의 엘리스아일랜드Ellis Island 이민자스테이션으로 보내지는데, 대부분 곧바로 입국이 허용돼. 반면 아시아인들은 샌프란시스코의 엔젤아일랜드Angel Island 이민자스테이션으로 보내져. 편견 때문에 몇 주에서 몇 달, 심지어 몇 년을 대기해야 했어. 열에 두서너 명은 입국이 불허되기도 하고.

이민자들의 삶은 쉽지 않았어. 대부분이 위험하고 힘든 노동에 종사하였거든. 저임금의 장시간 노동에다 낯선 언어, 관습, 편견에 시달린 거야. 또 일부 미국인들은 이민자들이 자신들의 일자리를 빼앗는다고 여겨 이민을 중단하라고 요구하기도 했어.

그래서 미국 의회는 1882년에 '중국인 제외법Chinese Exclusion

Act'을 통과시켰어. 새로운 중국 이민자들을 받아들이지 않도록 규정한 법이야. 이민을 제한하기 시작한 거지. 나중에는 다른 나라에서 온 사람들의 숫자도 제한하도록 했어. 1921년과 1924년에는 미국 이민에 할당된 유럽인의 숫자도 대폭 낮추는 법을 통과시킬 만큼 미국 내 반이민 여론은 점점 확대됐지.

자유의 여신상.

하지만 이민자들이 없었다면 미국이 과연 세계에서 가장 부유하고 힘센 나라가 될 수 있었을까? 그들이 없었다면 수천 마일의 철도는 누가 놓았을 거고, 석탄광산에서 채굴은 누가 했을 거고, 공장에서 일은 누가 했을까?

뉴욕 항에 가면 눈길을 끄는 것들이 여럿 있지만 특히 '자유의 여신상Statue of Liberty'이 눈에 들어와. 자유의 여신상은 애초 프랑스와 미국의 우정을 상징하는 조각상이었잖아. 지금은 이민을 희망하는 모든 나라와의 우정과 미국인들의 자유를 상징하지만. 프랑스 조각가 프레데리크 오귀스트 바르톨디Frederic Auguste

Bartholdi가 만든 조각상이야. 조각가는 '세계를 비추는 자유Liberty Enlighting the World'라고 이름을 붙였다지. 횃불은 자유를, 못이 박힌 7개의 왕관은 7개의 바다와 7개의 대륙을 상징한대. 오늘 날에는 '자유의 여신상Statue of Liberty'으로 더 유명한데, 이유는 시인 엠마 라자로Emma Lazarus가 쓴 조각상에 관한 시 때문이지.

"가난하고 피곤한 사람들은 나에게 주오. / 억압 속에서 자유를 갈 망하는 사람들을 / 혼잡한 부둣가에서 거부당한 불쌍한 사람들을 / 집도 없이 폭풍우에 시달리며 떠도는 / 인간들을 모두 나에게 보내 주오. / 나는 그들을 위해 금문의 등불을 높이 들겠소."

도시의 팽창과 진보주의

1800년대 말 도시들은 산업화에 힘입어 크게 성장해. 시카고 인구가 1870년에서 1920년 사이에 30만에서 270만 명으로 늘 었다니 도시들의 급팽창 수준을 알 수 있지. 또 도시의 모습도 변화해. 대표적인 것이 고층건물의 등장. 미국 최초의 고층건물 이 1885년 시카고에 건설되거든. 강철 프레임 골조로 지어진 고 층건물들이 도시 곳곳에 치솟았어. 강철공업의 발전 덕택이야.

전기 또한 도시를 바꿨어. 엘리베이터가 고층건물의 여러 층으 로 사람들을 재빨리 운반했고, 조명은 극장 무대를 비추고, 네온

사인들은 쇼핑족들을 유혹했지.

그런데 도시와 기업의 성장은 동전의 양면과 같아서 긍정적인 면이 있는가 하면 그늘진 면도 있게 마련이야. 공장에서 먼지가 날리고 흘려보내는 폐수로 인해 공장 근처에 사는 사람들의 삶이 위협받았지. 공해와 오염 문제. 그러자 뜻있는 사람들이 나서서 목소리를 내기 시작해. 이들을 진보적 개혁가라고 하지. 진보주의자들은 도시와 공장을 보다 깨끗하고 안전하게 만들자고 주장했어. 그래서 그들은 노동자, 소비자, 시민 들의 권리를 보호하기 위한 법 제정 운동을 펼치지. 아울러 그들은 스스로들 머크레이커muckraker를 자처했어. 불편한 진실을 폭로하거나 지적하는 사람 말이야. 대표적인 예가 1906년《정글Jungle》을 발표한 업튼 싱클레어Upton Sinclair라는 사람이었어. 그는 이 논픽션에서 도축 공장의 불안전하고 더러운 환경들에 대해 고발하여 미국 사회에 엄청난 충격을 던지지. 썩은 고기의 냄새를 덮기 위해 화학약품을 사용한다고 폭로했거든. 정부가 발칵 뒤집혔어. 1906년 루스벨트Theodore Roosevelt 대통령은 '순정식품의약품법Pure and Drug Act'과 '고기검사법Meat Inspection Act'을 제안해 통과시키지.

한편 아직까지 여성과 아프리카계미국인들이 많은 주에서 투표하지 못하는 게 현실이었어. 직업과 교육에서 차별 역시 당연했지. 대부분의 칼리지와 대학들은 여성과 아프리카계미국인을 아예 학생으로 받아주지 않았어. 진보주의자들은 이 문제의 해결에도 적극적으로 나섰어. 끈질긴 투쟁을 벌여 여성의 투표권을 보장하는 수정헌법 19조를 통과시키는데 큰 역할을 하지.

또한 인종 간의 평등을 위한 투쟁도 전개했어. 1900년대 초, 아프리카계미국인, 멕시코계미국인, 인디언, 아시아계미국인 들은 일자리를 위해 지원하거나 집을 빌리거나 사려고 할 때 편견에 직면했지. 어떤 주는 이들의 투표를 금지하거나 아이들을 분리된 학교에 보내도록 하는 법을 갖고 있었어. 아프리카계미국인의 평등을 위해서는 1909년 '전미유색인종촉진동맹NAACP, National Association for the Advancement of Colored People'이 결성돼.

1910년 즈음 남부의 아프리카계미국인들이 직업을 찾아 북부의 도시로 떠나. 남아 있는 사람도 KKK의 공격과 편견에 시달려 맘대로 다닐 수도 없는 지경이었지. 그래서 그들도 남부를 떠났어. 1910년에서 1930년 사이 약 150만 명의 아프리카계미국인들이 남부를 떠났다고 해. 이 이동을 역사는 '대이주'라고 불러.

알래스카 매입과 하와이 편입

철도와 공장이 미국을 경제강국으로 만들던 19세기 말, 미국에서는 새로운 영토에 대한 욕망이 꿈틀대기 시작했어. 외교노선을 고립주의에서 팽창주의로 바꾸었거든. 남북전쟁 당시 유럽 열강들의 식민지 팽창정책에 자극받은 바 크다고 할 수 있지. 그리고 재미를 봤어. 그 대표적인 것이 알래스카 매입이야.

남북전쟁의 후유증에서 완전히 벗어나지 못한 1867년 미국은 러시아로부터 뜻밖의 제안을 받아. 미국더러 알래스카를 사라는 거야. 그러나 당시 미국은 영토 확장 문제에 대해 생각할 겨를이 없었어. 더군다나 알래스카는 텍사스의 두 배에 달하지만 온통 얼음으로 뒤덮인 쓸모없는 땅이었거든. 그러니 미국의 반응이 시큰둥할 수밖에. 그런데 국무장관 윌리엄 슈어드William Seward는 생각이 달랐어. 그는 아메리카 대륙에서 러시아를 몰아내고 캐나다를 미국 영토 중간에 끼워 넣어 북아메리카에서 미국의 영향력을 강화시킬 절호의 기회로 봤지. 그는 의회를 설득하여 720만 달러를 주고 '아주 비싸게' 알래스카를 샀어. 대부분이 바보짓이라고 생각했으니까. 오죽했으면 사람들은 '슈어드의 어리석음 Seward's Folly'이라고 불렀을까. 그런데 '아주 비싸게'에 작은따옴표를 찍은 의도를 짐작하지? 슈워드가 바보가 아니라는 사실을 알기까지는 많은 시간이 필요 없었어. 1896년 알래스카 근처 캐나다에서 금이 발견되자 금 사냥꾼들의 골드러시가 일어나 슈어드가 산 땅으로 퍼졌지. 금은 발견되지 않았지만 대신 금보다 훨씬 가치가 있는 고기와 광물 자원이 있음을 확인했어.

캘리포니아에서 서쪽으로 2,500마일 떨어진 태평양에 있는 섬 하와이도 미국 영토로 편입돼. 1500년 전쯤 원주민들이 정착해 살던 하와이에 미국인들이 처음 온 것이 1700년대 말이야. 대부분이 선교사와 무역업자였어. 미국인들은 사탕수수와 파인애플 같은 현금작물을 재배하기 위해 대규모 플랜테이션을 설치했어.

1800년대 말이 되면 농장주들이 하와이 땅은 물론 기업 대부분을 소유하게 되지. 그러자 하와이 원주민들은 되레 자기 땅에서 소외되고, 또 많은 고통을 당했어. 모든 땅과 경제권을 누가 쥐고 있었는지 보면 알만 하잖아. 그러자 릴리오우칼라니Liliuokalani 하와이 여왕은 하와이 땅을 원주민이 되돌려 받길 원했어. 그럼 이번에는 누가 불안할까? 당연히 부유한 플랜테이션 소유주들이지. 그러자 이들은 1893년 여왕에 맞서 반란을 일으켜. 반란이 끝난 후 하와이 거주 미국인들은 하와이가 미합중국에 참여하기를 요구해. 미국 본토에서도 그랬지만 원주민들은 어느 날 굴러들어온 돌에 채여 쫓겨나지. 그렇게 하와이도 미국 땅이 되었어.

해외 식민지 개척

많은 미국 정치지도자와 기업가 들이 알래스카와 하와이의 새 영토 편입 그 이상으로 원하는 게 있었어. 세계무역 근거지로 사용할 해외식민지 확보야. 미국도 이제는 제국주의 정책을 펴야 한다는 주장까지 나왔었지. 그 와중에 미국은 스페인과 전쟁을 하게 됐어. 1890년대 스페인은 카리브 해에 있는 쿠바와 푸에르토리코를 식민지로 삼았었거든. 또 태평양에 있는 필리핀 섬과 괌도 지배했고. 미국사람들은 이게 무척 부러웠어. 마침 스페인은 이들 식민지가 너무 멀리 떨어져 있어 통치하는데 애를 먹고 있었어. 그런데 1895년 쿠바에서 반란이 일어나. 미국이 쿠바와의 무역불균형에 불만을 갖고 무관세였던 쿠바 산 설탕에 관세를 부여했기 때문이야. 그런데 쿠바를 식민지배하고 있던 스페인이 반란을 진압하는 과정에서 잔인하게 진압하는 등 무리수를 두었어. 미국 신문들이 스페인의 잔인함에 대해 대서특필했지. 이런 기사는 진실성 여부를 떠나 미국인들로 하여금 스페인의 쿠바 지배를 반대하는 입장을 갖게 하는데 결정적인 역할을 했어. 이런 상황에서 공교롭게도 1898년 2월, 미 해군 함대 메인Maine 호가 쿠바 하바나 항에서 폭발하는 일이 벌어져. 이번에도 미국 신문들은 일제히 스페인을 범인으로 간주하고 비난했지. 그래서 의회는 곧바로 스페인에 대해 전쟁을 선포해.

미국과 스페인 전쟁이 처음에는 쿠바에서 일어나지 않았어. 수천 마일 떨어진 필리핀에서 먼저 있었어. 필리핀에 눈독을 들이고 있던 미국은 이참에 필리핀도 장악하겠다는 전략에서 미 함대가 마닐라 만으로 가서 스페인 함대를 격파한 거지. 스페인의 대패는 물어보나 마나야. 미국은 사상자 한 명 내지 않고 완벽한 승리를 거둬.

하지만 쿠바에서는 필리핀과 양상이 조금 달랐어. 스페인 함대들이 해안에서 강력한 저지선을 구축하고 있어서 미 함대가 공격하기가 쉽지 않았지. 미국은 해안을 봉쇄하고 대신 돌격대 투입 작전을 구사했어. 이때 미 해군 차관보였던 루스벨트Theodore Roosevelt가 차관보직을 그만두고 '러프라이더Rough Rider'라 불리는 자발적인 전투 그룹을 조직하여 참가해. 쿠바에 있는 아프리카계미국인 군대인 버펄로 군대Baffalo Soldiers에 가담한 거지. 산환 힐San Juan Hill 전투에서 승리를 거둔 미 해군은 쿠바에서 도망치려는 스페인 함대를 파괴시키자 스페인은 항복했고, 1898년 푸에르토리코와 필리핀, 괌을 미국에 할양해.

전쟁이 끝난 후 대통령이 된 루스벨트는 대서양과 태평양 간의 빠른 항해를 위해 중앙아메리카에 운하를 건설하겠는 구상을 하였어. 파나마 지협에 건설하는 것이 가장 효율적이라는 판단이었고. 그래서 미국은 콜롬비아에 파나마 땅을 넘겨달라고 하지. 콜롬비아는 당연히 거절했어. 그런다고 포기할 미국이 아니지. 루스벨트는 파나마를 아예 콜롬비아로부터 독립시켜서 새로운 나라가 미국의 운하 건설에 동의하는 형식을 취하게 해. 1914년 2년의 공사 끝에 운하가 개통되면서 여행 거리가 아주 짧아졌고, 국가 간의 무역량 증대에도 큰 도움이 됐지.

혁신주의와 루스벨트

남북전쟁 이후 빠르게 산업화가 진행되면서 미국의 모습도 급속한 변화를 겪는데, 생활에서도 혁명적 변화가 이루어지고 있었어. 그러나 양지가 있으면 음지가 있는 법, 이런 발전의 뒤곁에는 기본적인 삶조차 영위하지 못해 발버둥치는 적잖은 소외 계층이 있게 마련이야. 노숙자들이 거리에 넘쳐났거든. 회사나 공장에 다니는 노동자들이라고 해서 크게 나은 것도 아니었어. 저임금 장시간 노동에 시달리다 보니 일하는 기계일 뿐 인간의 모습은 찾아보기 힘들었지. 결국 자본가들은 더 부자가 되고, 노동자들은 살기 더 힘들어지는 양극화가 더 심화되었거든. 그런데도 기업들은 더 탐욕스럽게 기업 확장에만 열 올릴 뿐 종업원들의 삶 따위엔 관심이 없었어. 자본의 배만 불리는 약탈적 모습이 적나라하게 드러나고 있었지.

이건 경제 문제에만 국한 되는 것이 아니라 정치 문제에까지 그 파급력이 미치기 마련이야. 사회 곳곳에서 이대로는 안 된다며 미국을 진정한 미국으로 만들어야 한다는 개혁의 목소리가 나오기 시작했어. '혁신주의 운동'이 일어난 거지. 이 운동은 누군가가 기획하여 조직적으로 일어난 것이 아니야. 다양한 분야에서 자발적으로 일어났거든. 그래서 같은 일이라도 추구하는 목표가 달랐어. 가령, 제국주의를 반대하는 사람과 그렇지 않은 사람들처럼. 그러나 이들의 한 목소리는 사회정의의 실현 그 자체였어. 이러는 가운데 1901년 매킨리 대통령이 암살당해. 어쩌면 혁신 운동에는 기회가 왔어. 매킨리가 어떤 입장인지 알지?

매킨리가 암살되자 J. P. 모건Morgan이 "이렇게 슬픈 소식은 처음이야!"라고 말할 정도였으니까, 매킨리의 성향은 뻔하잖아. 탐욕자본의 상징 J. P. 모건의 사망이 생애 가장 슬픈 일이라고 할 만큼 매킨리는 자본가들을 위한 정책을 폈고 부정부패가 만연하

테오도르 루스벨트 미국 26대 대통령.

도록 했던, 그래서 미국 부자들에게 정말 좋은 시절을 구가하게 했던 대통령이었지.

그런데 그를 이은 루스벨트는 달랐어. 루스벨트는 뉴욕 주지사 시절부터 재벌들에 대해 적대적인 정책을 폈었어. 그는 재산권은 존중하지만 부패는 존중하지 않는다며 강력하게 밀어붙였지. 특히 그는 트러스트Trust, 경쟁을 피하고 이익을 높일 목적으로 자본에 의해 결합한 독점 형태를 규제해야 한다는 생각을 갖고 있었어. 루스벨트는 경제력 집중화에 반대하는 것이 아니라 기업통합이 사회에 미치는 부정적인 영향, 즉 자본이 권력화 되면 사회정의 실현을 방해한다는 생각의 소유자였어. 그래서 기업합동을 강력하게 저지한 거야. 루스벨트는 노동정책에서도 전향적인 입장을 취했어. 노사문제가 발생해 정부가 개입하면 당연히 사용자 편을 들게 마련이었는데, 사용자뿐만 아니라 노동자 입장도 함께 고려했지.

그런 가운데 1904년에 치러진 선거에서 루스벨트가 재선에 성공함으로써 혁신운동은 날개를 달았어. 그는 여전히 공익 대변자를 자처하며 보수와 진보 사이에서 중도노선을 견지하며 조심스럽고 온건한 변화를 추구했지.

　그러나 루스벨트는 1908년 대통령 선거에서 재입후보를 거절하고 정계를 은퇴해. 그런데 그의 뒤를 이은 윌리엄 태프트 William H. Taft 대통령이 혁신 대신 보수의 대변자가 되자 루스벨트는 물론 공화당 혁신파들의 불만이 고조되면서 배신감을 느낄 정도였어. 루스벨트 주위로 혁신주의자들이 하나둘 모이기 시작해. 이로써 공화당은 태프트를 지지하는 보수파와 루스벨트를 지지하는 혁신파로 나뉘지. 이 분열은 결국 루스벨트가 진보당Progressive Party을 창당까지 해가면서 대통령 선거에 출마하도록 했어.

　1912년 대통령 선거에서는 민주당의 우드로 윌슨Woodrow Wilson이 당선됐어. 자유주의자인 윌슨의 당선은 루스벨트 출마로 공화당 표가 분산하는 바람에 어부지리였다고 보는 게 정확한 분석일 거야.

　어쨌든 이렇게 미국은 다시 태어났어. 하지만 호사다마라고, 시련이 닥치지. 이번 시간은 여기까지 하고 다음 시간에는 미국에 또 다시 찾아온 시련에 대해 알아볼게.

제10강

1차 세계대전과 대공황, 명암을 만들다!

다시 태어난 미국이 1차 세계대전의 최대 수혜자가 되었어. 어떻게? 그렇지. 군수품을 팔아 경제적 부를 축적하였던 거야. 하지만 호사다마好事多魔라 하잖아. 좋은 일이 있으면 나쁜 일이 많이 뒤따르게 마련이지. 아무튼 이런 호황에 이어 대공황이라는 전대미문의 시련기가 찾아왔거든. 이번 시간에는 '1차 대전과 대공황, 명암을 만들다!'라는 제목으로 이 얘기를 해보려고 해.

제1차 세계대전 발발

1890년대 초 유럽에서는 내셔널리즘Nationalism이 유행하고 있었어. 내셔널리즘, 우리말로 하면 '민족주의' 또는 '국가주의'인데, 자신의 나라가 다른 나라보다 낫다고 생각하는 신념이야.

영국과 프랑스, 독일, 이탈리아는 각자 월드파워를 가진 나라가 되기 위해 치열하게 경쟁하고 있었어. 이들의 경쟁 종목은 땅 따먹기. 아프리카와 아시아에 누가 더 많은 식민지를 세우는가 하는 것이었어. 그래서 이들 나라들은 당연히 군사적 힘을 강하게 키우는데 전심전력을 다했겠지. 다른 나라를 식민지로 빼앗으려면 그냥 말로 돼? 당연히 안 되지. 무력으로 해야 하잖아. 물론 무력 앞에 저항 한 번 하지 않고 그냥 순순히 안방을 내주는 경우도 있지만 대부분의 나라는 일단 저항부터 하고 보는 게 인지상정이야. 그러면 무력이 제대로 역할을 하면서 식민지 대상국을 제압하지. 이들 나라는 특히 해군력에 공을 많이 들였어. 해군의 역할이 식민지 취득의 성패를 좌우하는 시금석이었거든. 미국이 일본을 개항시킬 때, 일본이 우리나라를 개항시킬 때 다 바다로 쳐들어 왔잖아.

그럼 무력 경쟁은 어떤 결과는 만들까? 힘이 생기면 그 힘을 써보고 싶은 욕망이 생기게 마련이잖아. 그게 생각만으로 끝나는 게 아니라 사소한 자극에도 쉽게 반응하지. 그래서 당시 유럽은 매우 위험한 상황에 있었다고 볼 수 있어. 힘의 균형이 깨지기만 하면 언제든 폭발할 수 있는 휘발성 가득한 상태, 유식한 말로 임계점에 도달해 있었던 거야.

이때 유럽 국가들은 뜻이 맞는 나라들끼리 동맹을 맺었어. 뜻이 맞는다기보다 이해관계가 맞는다고 하는 게 올바른 표현일 거야. 독일과 전쟁을 치른 프랑스, 독일을 아시아 제국주의 확장의 걸림돌로 여긴 영국, 국경을 맞대며 독일의 군사력 증강에 불안을 느낀 러시아가 동맹을 맺지. 이 세 나라의 공통분모는 독일에 대한 반감. 역사는 이 동맹을 '삼국협상'이라 부르는데, Allied Powers 혹은 Allies, 우리말로 연합국이라고 하지. 그러자 독일이 가만있겠어. 범게르만족인 오스트리아와 신생 제국주의의 이탈리아를 끌어들여 Central Powers, 즉 '삼국동맹'을 결성했어.

이 두 동맹이 이제부터 본격적으로 영토와 힘을 놓고 서로 경쟁을 벌였어. 당연히 유럽은 평화 대신 전쟁의 소용돌이 속으로 빠져들었지. 이들 동맹국 중 한 나라가 다른 동맹의 한 나라와 싸움을 하면 다른 회원국들은 자동으로 전쟁에 참가하는 것이 원칙이었어. 이런 데다 유럽 열강들의 이해관계가 복잡하게 얽힌 '유럽의 화약고' 발칸문제가 수면 아래에 잠복해 있었지.

그런데 1914년 6월 28일, '사라예보 사건'이 발생해. 페르디난트Franz Ferdinand 오스트리아 황태자 부부가 보스니아 사라예보를 방문했다가 세르비아 민족주의자에게 피살돼. 그러니 난리 났어. 7월 28일, 오스트리아는 독일로부터 무조건 지원을 약속받고 세르비아에 전쟁을 선포하지. 삼국연합과 삼국동맹 회원국들도 서로 전쟁을 선포했어. 제1차 세계대전이 시작된 거지.

아, 여기서 수정사항 하나 설명하고 가야겠다. 이 책 첫판에서 1차 세계대전 때 이탈리아의 입장에 대해 따로 언급하지 않아 이탈리아가 삼국동맹의 회원국으로 삼국연합과 전쟁을 했다고 오해할 수 있도록 기술했었어. 한 독자의 날카로운 지적이 있었지. 그 분에게 고맙다는 얘기를 전하며, 개정판이니까, 이탈리아에

페르디난트 황태자 부부 오스트리아 황태자 부부가 사라예보를 방문하다.

대한 얘기를 덧붙일게. 이탈리아는 1915년 4월 26일 삼국연합과 비밀리에 '런던조약'을 맺고 삼국동맹에서 이탈하여 삼국연합에 가담했어. 이유는 영토를 획득할 수 있는 기회라고 판단해 삼국연합의 딜에 응했던 것이지. 하지만 전쟁이 끝난 후 런던조약은 이행되지 않았다고 해. 그래서인지 이탈리아는 2차 세계대전 때에는 삼국연합이 아닌 독일, 일본과 함께 추축국에 가담하지.

미국의 중립주의

1차 세계대전이 일어났지만 이때 미국은 이 전쟁에 관여하지 않았어. 윌슨 대통령은 전임자 루스벨트가 추구하던 팽창주의 대신 독립 이래 지켜오던 고립주의를 지키려고 한 거지. 특히 윌슨은 미국이 열강의 이권다툼에 개입하는 것은 미국의 품위를 손상시키는 일이라고 여겼어. 어떤 역사학자는 이런 해석은 좋으라고 한 것이고, 사실은 전쟁 개입으로 인한 피해를 원치 않았기 때문이라고 주장했는데, 격하게 공감되지. 전쟁에 참가하지는 않았지만 미국은 엄청난 양의 군수물자를 삼국협상 측에 공급하여 막대한 경제적 이익을 얻고 있었거든. 삼국협상을 돕는 것이 아니라 무역이라는 게 미국의 입장이었어.

하지만 중립 입장에도 불구하고 미국 내 여론은 달라지기 시작해. 미국 국민 대부분이 유럽, 그것도 영국 출신이고, 또 독립전쟁 당시 도움을 주었던 프랑스를 생각하면 독일이 괘씸한 거지. 가족이나 친지 들을 괴롭히는 독일에 대한 증오심이 끓어올랐어. 미국은 욕심 많은 방관자 소릴 듣지 않기 위해서라도 전쟁에 개입해야 한다는 여론이 비등해졌지. 그래도 윌슨은 꿋꿋하게 중립주의를 고수했어.

그런데 이때 유보트U-boat라 불리는 독일 잠수함들이 대서양에서 영국 배들을 침몰시키기 시작했어. 이러는 가운데 1915년 5월 7일 루시타니아Lusitania 호가 격침되는 사건이 일어났거든. 승객 1,959명이 사망했어. 미국은 루시타니아 호가 비무장 영국 여객선이라고 주장했지. 하지만 독일은 생필품이나 식량이 아닌 전쟁물자, 무기, 화약 등을 싣고 가는 배라고 우겼어. 이때까지만 해도 윌슨은 중립주의를 버리지 않았고, 혁신과 중립을 공약으로 1916년 선거에서 승리하여 재선에 성공하지.

그런데 독일은 루시타니아 호 침몰 이후 더 이상 여객선은 공격하지 않겠다던 약속을 깨고 1917년 다시 미국 배들을 공격하기 시작했어. 그리고 독일이 멕시코에 보낸 문제의 '치머만 각서 Zimmermann note'가 폭로되었지. 독일 외무장관 아르투르 치머만 Arthur Zimmermann, 1864~1940이 멕시코 정부에 이렇게 제안했어. 독일이 미국과 전쟁할 때 멕시코가 독일을 지원하면 1848년 전쟁 때 미국에게 빼앗겼던 영토를 되찾아 주겠다, 이랬던 거야. 이 내용을 전해들은 미국이 어땠겠어. 중국과 일본이 댜오위댜오일본 명 센카쿠 열도를 놓고 전쟁 일보 직전까지 가는 분쟁을 겪고 있듯 영토 문제는 대단히 민감해. 우리도 일본과 독도 영유권 분쟁을 겪고 있는데, 독도가 이슈만 되면 모든 정파들이 정쟁을 중단하고 하나로 단결하잖아. 미국사람들도 마찬가지였지.

그런 가운데 계속 배들이 독일에 의해 격침되고 또한 혁명이 일어난 러시아가 연합국에서 이탈했어. 상황이 이렇게 전개되자 미국, 아니 윌슨 대통령으로서도 더 이상 중립주의 운운하며 모른 체 할 수 없게 되었지. 윌슨 대통령은 1917년 4월 2일 열린 상하 양원 합동회의에서 "세계는 민주주의를 지켜야만 합니다"며 독일에 대해 전쟁을 선포해줄 것을 요구했어. 의회는 4월 6일 만장일치로 윌슨의 요구를 승인하고 전쟁에 뛰어들게 돼.

미국의 참전

1917년 미국이 참전했을 때는 전쟁이 이미 3년이나 끌고 있는 상태였어. 당연히 미국은 연합국 측에 가담했지? 혹시 어느 쪽인가 헷갈리는 사람이 있을지도 모르겠네. 이미 지칠 대로 지친 연합국으로서는 미국의 참전이 너무 반가웠어. 미국은 참전군인 수도 수이거니와 군수물자 등에서 전쟁의 균형추를 순식간에 기울게 만들만큼 위력적인 강대국이었지. 미국이 참전 초기부터 그런 잠재력을 보여준 것은 아니야. 초기에는 여전히 독일의 무제한 잠수함 작전이 빛을 발하고 있었지. 미국의 진가는 이듬해인 1918년부터 드러나기 시작했어.

전쟁은 주로 참호trench라 불리는 긴 수로에서 일어났어. 참호 파는 게 작전의 기본이었고, 수천 마일의 참호가 전장을 뒤덮었지. 그러면서 새로운 무기들이 선보이기 시작했어. 1분당 수백 발을 발사하는 기관총을 비롯하여 수 마일 날아가는 대포, 부대들이 철조망을 통과해서 공격하는데 도움을 주는 철갑탱크, 함대를 침몰시키는 잠수함 등. 또한 독가스를 무기로 사용했고, 비행기가 처음으로 주요 전투에 동원되기도 했지.

전쟁에 필요한 식량을 비롯한 보급품 역시 미국이 월등했어. 미국 국민들은 전방의 군인들에게 보급할 크고 작은 무기를 비롯해 군복, 소총, 헬멧 같은 군수품 생산에 적극적으로 나서지. 또한 국민들은 덜 먹고 기름을 덜 쓰는 등 절약을 통해 군인들을 지원했어. 정부는 개인에게 특정 물품의 양을 제한하는 조치도 취했고. 화요일에는 고기를 먹지 않도록 하여 절약한 고기를 군인에게 보급하는 식이었지. 남성들은 국내 공장에서 노동력이 충분하지 않음에도 불구하고 전쟁에 참가했어. 이 노동자의 부족은 오히려 여성들에게 일할 기회를 제공하기도 했지. 그래서 많은 여성들이 남자들에게만 허용됐던 무기 공장 근무, 자동차 수리, 우편 배달, 교통 통제 같은 일에도 진출하는 계기가 되었다지.

베르사유 조약

전쟁은 어느덧 4년째. 좀처럼 끝날 기미가 안 보이던 전쟁의 돌파구를 연 건 미 해군이었어.
구축함을 활용하여 독일 잠수함의 공격을 사전에 저지했던 거야. 특히 전쟁 물자 공급에 활력을 띠면서 전쟁의 양상은 연합국 측에 유리하게 작용했어.

이런 가운데 우드로 윌슨 미국 대통령은 1918년 1월 의회연설에서 모든 분쟁은 전쟁

우드로 윌슨 미국 28대 대통령.

당사자가 아닌 모든 국가의 협의에 의해 평화적으로 해결해야 한다는 내용의 '평화원칙 14개조Wilson's Fourteen Points'를 발표해. 자유주의와 민족자결주의 원리에 따라 전후 세계질서를 다시 수립하자는 것이었지. 연합국 측에서는 이 원칙에 대체적으로 동의했어. 그리고 독일과 오스트리아도 이 선언을 휴전조건이라고 생각했거든. 일본의 식민지였던 우리나라도 윌슨의 이 민족자결주의에 고무돼 삼일독립운동을 대대적으로 일으키잖아. 사실 이 원칙은 당사자에게만 적용돼 우리와는 상관 없는 것이었어. 그럼에도 우리에게 일본에 저항할 수 있는 명분 역할을 해준 셈이지.

그런 와중에 독일이 곤란한 지경에 처했어. 파리 함락을 목표로 네 차례나 공격을 감행했지만 성공은커녕 최후의 방어선인 힌덴부르크마저 돌파당했던 것. 이후 독일군은 도망가기 급급할 정도로 무참하게 격파당하지. 오죽하면 황제가 네덜란드로 피신했을까. 그게 1918년 11월 2일. 이틀 후인 11월 4일 독일은 연합국 측의 휴전 제의를 받아들여. 그리고 11월 11일 양측은 정전협정에 서명해. 4년간의 제1차 세계대전이 끝나는 순간이야. 11월 11일이 미국에서는 재향군인의 날Veterans Day인데, 이 전쟁에 참전했던 미국인들을 기린다는 의미를 담고 있어.

1919년 6월 28일 연합국과 연맹국 지도자들이 프랑스의 베르사유Versailles에서 만나 '베르사유 조약Treaty of Versailles'을 체결함으로써 1차 세계대전의 모든 종전 절차가 마무리 돼. '거울의 방La Galerie des Glaces'에서 서명식을 갖은 이 조약은 전후 세

계질서의 기틀을 잡는 내용을 중심
으로 440개 조에 이를 만큼 방대하
게 작성됐어. 독일의 군비 제한 및
배상 등 기본 사항은 물론 국제연
맹League of Nations과 국제노동회의
ILO의 창설 등 전쟁과 국제적인 노
동 공세를 막기 위한 방책도 포함되
어 있었어.

【거울의 방】
1차 세계대전 종전 협정 체결 장소인
'거울의 방(La Galerie des Glaces)'은
태양왕 루이 16세가 자신의 위엄을 나
타내기 위해 1678년부터 1684년까지
6년간의 공사 끝에 완공한 뜻 깊은 공
간이야. 모두 357개의 거울과 천정에
걸려 있는 샹들리에가 연출하는 아름
다움은 극치를 보여준다고 하지.

  그러나 미 상원은 이 조약의 비준을 거부해. 전쟁도 끝난 마당
에 고립주의로 되돌아가야 한다는 거지. 속내는 윌슨이 전후 처
리 문제를 다루면서 의회를 무시한데 대한 보복이란 주장도 있
어. 그리하여 주도적인 역할을 하며 창설된 국제연맹에 정작 미
국이 참여하지 못하면서 유명무실한 기구가 되지.

광란의 20년대

  미국역사에서 1920년대는 '광란의 20년대Roaring Twenties'로
불릴 만큼 넘치는 부와 흥청망청 소비의 시대라고 할 수 있어. 미
국 경제의 호황은 확실히 제1차 세계대전 특수에 힘입은 바 크
지. 일본이 잘 살게 된 것이 한국전쟁 때문이고, 우리가 그나마
이 정도 살게 된 것이 베트남전쟁 때문이었다고 하잖아. 미국이

생각지도 않은 전쟁에 마지못해 참전해 희생도 컸지만 전쟁특수만큼은 확실하게 누렸다고 할 수 있어. 물론 당시 미국은 발명이나 기술개발, 효율적인 공장 운영 시스템 등 세계 다른 나라들보다 빨리 산업화에다 자동화까지 이룸으로써 대량생산 인프라를 구축한 기반이 있었기 때문에 가능한 일이긴 하지.

1920년대 들어서 가장 두드러진 발전을 보인 분야는 당연히 자동차 산업. 헨리 포드Henry Ford가 세운 포드자동차회사The Ford Motor Company가 세계에서 가장 큰 자동차 회사였지. 포드사 성공의 핵심 열쇠는 자동차 조립 방식을 새롭게 바꾸었기 때문이야. 포드는 부품들이 조립라인을 따라 이동하면 각 노동자들이 한 가지의 특정한 일만 하는 분업division of labor을 도입했지. 한 사람이 모든 공정을 다 하던 것보다 속도는 물론 품질도 훨씬 좋게 유지할 수 있는 장점이 있었어. 흔히 빅3로 불리는 포드를 비롯해 제너럴모터스, 크라이슬러 세 자동차회사가 쏟아내는 자동차가 수 분에 한 대꼴이었다잖아. 1896년 포드사가 최초의 자동차를 만든 이후 미국의 자동차 보유대수는 1920년에 이미 2백만 대를 넘어섰고, 1925년에는 5백만 대, 1920년대 말에는 1천만 대에 육박했다고 하니 5명 중 1명이 자동차를 보유할 정도였어.

자동차 산업의 붐은 철강, 고무 그리고 오일 산업의 성장에도 큰 힘이 되었음은 당연한 결과야. 한 가지 산업이 발전하면 관련 분야의 산업도 함께 발전하는 견인차 역할을 하는 거지. 자동차만이 아니었어. 1920년대 공장들은 기록적인 양의 소비재를 만들어 내잖아. 마구 만들어 냈다는 게 더 정확한 표현일 거야.

그런데 이때 생산품을 살 때 현금 지불과 같은 전통적인 방법과는 전혀 다른 새로운 방법이 등장해. 신용카드credit card. 지금이야 신용카드가 일반화되어 있어서 외려 현금으로 물건을 사는 것이 더 이상할 정도지만 당시로서는 파격 이상의 파격이었지. 어떻게 보면 신용카드로 결재하면 물건을 당장 가져가지만 돈은 한 달 뒤에 내는 외상구매잖아. 그런데 이런 신용거래는 충동구매까지 일어나게 만들어 사실 빚을 늘리는 꼴이 되었어. 적절한 비유인지 모르지만 외상이면 소도 잡아먹는다고 했잖아.

1920년대는 여성들에게 있어서도 변화의 시기였지. 신여성 flapper이라 불리는 젊은 여성들은 패션을 바꿨어. 머리를 짧게 자르고 무릎길이의 치마를 입었지. 미니스커트. 그리고 많은 여성들이 일했어. 또 스포츠나 자동차 운전 또는 비행기 조종 같은, 전에 해보지 못했던 일들에도 과감히 도전했어. 특히 이때 여성들은 드디어 투표권을 쟁취했었어.

또한 1920년대는 수백만의 아프리카계미국인들이 농촌에서 북부 산업도시로 이주하는 시대였어. 시카고나 디트로이트 같은 도시로 직업을 찾아 떠났지. 뉴욕의 할렘Harlem 같은 새로운 커뮤니티가 형성되면서 작가나 뮤지션, 그리고 아티스트들이 여기서 살았어. 이들의 창작 작업은 후에 할렘 르네상스Harlem Renaissance라 불리는 문화를 만들어 냈어. 재즈Jazz가 폭발적 인기였지. 이 새로운 음악은 라디오를 통해 수백만 명이 들었어. 그래서 1920년대를 재즈의 시대라고 불러.

라디오처럼 영화도 1920년대에 인기 절정의 문화상품이었지. 똑같은 영화와 라디오 프로그램을 통해 배경이 다른 미국인들이 점점 공통점을 만들어가기 시작했어. 당시 NBC, CBS 등 700개에 육박하는 라디오 방송국이 설립됐고, 찰리 채플린으로 상징되는 무성영화가 세계 영화 산업을 주도하며 캘리포니아 할리우드가 영화의 메카로 부상했던 점을 떠올려보면 짐작이 갈 거야.

대공황

미국인은 이렇게 좋은 일만 있는 줄 알고 파티를 열고 샴페인을 터뜨렸어. 그들은 1920년대의 호황기가 천년만년 갈 걸로 생각했었지. 그래서 사업에 투자할 적기라고 생각하여 기업의 주식을 사들이기 시작했어. 회사가 잘 될 때는 주식의 가치는 올라가 주식을 갖고 있는 사람들이 돈을 벌잖아. 그런데 그 반대의 경우도 있게 마련이지. 이 간단한 논리가 그러나 당시 사람들에게는 올라가는 것만 보였지 내려가는 것에는 관심이 없었어.

산이 있으면 반드시 골짜기가 있게 마련이야. 그런데 하늘 높은 줄 모르고 치솟던 미국 경제가 1920년대 말이 되면서 꼭짓점을 찍고는 점차 내리막길을 걷기 시작하는 거야. 이유는 흥청망청. 당장 호주머니에 돈이 없어도 크레디트카드만 있으면 호화술집에서 비싼 술을 마시는데 지장이 없었지. 수입보다 지출이 많으면 어떻게 되지? 맞아. 파산이야. 지나친 소비가 가계의 재정을 적자로 만들었고, 이 가계적자는 물건을 사지 않아 소비를 둔화시키고, 소비가 둔화되면 제품을 못 파는 기업의 가치가 떨어져서 주식 가격이 하락하고, 그러면 주식을 갖고 있던 주주가 손해를 보게 되고⋯⋯ 이렇게 경제의 모든 구조가 연쇄적으로 맞물리면서 악순환을 거듭하며 경제 침체를 가져오지.

더욱이 소득불균형이 심각할 정도였어. 소득 상위 5%가 전체 소득의 3분의 1을 차지할 정도였으니 일반 서민들은 쓸 돈이 없었어. 시쳇말로 먹고 죽을 돈도 없을 판인데 어떻게 물건을 구입해. 그럼에도 공장들은 물건들을 마구 만들었어. 그러니 팔리지 않고 창고에 쌓인 재고가 결국 성장의 발목을 잡을 수밖에.

이런 가운데 경제적 번영으로 늘어난 돈은 투자할 곳을 찾지 못해 결국 주식시장으로 몰려들었고, 주식은 한정되어 있는데 살 사람이 많으니까 주가가 실질가치 이상으로 올라갔어. 그 결과는? 소위 거품이 끼기 시작했지. 거품은 반드시 꺼지게 마련이야. 그러다 드디어 올 것이 왔어. 1929년 10월 24일, 미국의 주식시장이 무너졌어. 역사는 '검은 목요일Black Thursday'이라고 기록하고 있는 이날 주식 보유자들은 공황상태에 빠졌어. 갖고 있던 주식은 휴지로 전락했고, 모든 재산을 날렸지. 주식시장이 붕괴되면서 미국 경제의 취약점이 고스란히 드러났어. 소위 곳곳에 끼어있던 거품이 꺼지기 시작한 거지. 상점들은 상품을 팔 수 없었고, 공장들은 더 이상 노동자를 필요로 하지 않았어. 은행이 폐쇄되면서 경제에 대한 사람들의 신념마저 흔들렸어. 안전하리라 생각하던 저축마저 잃었지. 기업들이 문을 닫고, 실업자가 늘어나기 시작했어. 주식시장 파탄 이후 불과 몇 개월 만에 전국의 수만 개 회사가 문을 닫을 정도였으니 그 공포스러움은 짐작이 안 되지?

이 상황을 역사는 '대공황Great Depression'이라고 불러. 공황이란 일자리가 없고 돈을 벌지 못하고 사업을 유지하지 못하는 것을 말해. 직업이 없어졌으므로 신용으로 집을 샀던 많은 사람들이 대출금과 이자를 갚지 못해 집의 소유권을 잃었고, 수천 명의 굶주린 사람들이 무료 급식을 받기 위해 급식소 앞에 매일 길게 줄을 늘어섰어. 일자리가 턱없이 부족해지자 미국 정부는 50만 명의 멕시코인들과 멕시코계미국인들을 아예 멕시코로 되돌려 보내기까지 해. 1929년부터 1932년까지 실업자가 1,500만 명을 넘어설 정도였으니 그럴 만도 하다는 생각이 들어.

뉴딜정책

1932년 루스벨트Franklin Roosevelt가 대통령에 당선됐어. 그의 임무는 대공황을 끝내는 일. 그는 절망하여 주저앉는 것보다 희망을 향해 노력하는 것이 중요하다며 이런 취임사를 하지.

"우리가 두려워해야 할 유일한 것은 두려움 그 자체이다."

루스벨트는 대공황으로 고통 받는 사람들을 돕기 위한 정부 프로그램을 가동해. 바로 '뉴딜New Deal' 정책. 뉴딜 프로그램에는 다양한 것들이 있었는데, 가령, 필요한 사람에게 음식과 쉼터를 제공하는 것, 실업자들에게 일자리를 제공하는 것 등. 의회 역시 루스벨트의 정책 대부분을 지지하며 힘을 실어주었어.

뉴딜의 가장 대표적인 프로그램은 뭐니 뭐니 해도 공공사업청 Public Works Administration, PWA의 설치를 들 수 있지. 그것은 도로를 개선한다든지 공원을 보수하는 것과 같은 공공 프로젝트에 일할 사람들을 고용함으로써 일자리를 창출하는 방식이야. 우리나라도 기초생활수급자들이나 실업자들에게 그냥 지원해주기보다 도로 정비, 길거리 청소 등과 같은 공공근로사업을 하여 일자리를 만드는 것처럼. 아마도 이런 공공사업 아이디어의 효시가 미국 대공황 때 뉴딜 정책이 아닌가 싶어. 어쨌든 이런 PWA 프로젝트는 수천 명의 사람들을 고용하는 효과를 냈어. 이 사업 중 가장 규모가 큰 것이 바로 테네시 계곡 개발 공사야. 앨라배마와 켄터키에 걸쳐 있는 테네시 강 유역에 수력발전소를 지었어. 애초 계획에 있었던 공사라기보다 실업자에게 일자리를 제공하기 위해 새로 계획한 거야. 이 공사장에서 많은 사람들을 고용할 수밖에 없었고, 그 덕택으로 많은 사람들이 실업에서 벗어났지. 물론 이 사업을 사회주의 발상이라고 비판하는 정치인들도 있었어. 지금은 이런 것이 보편적이지만 그때는 달랐던 모양이야.

뉴딜정책 공공 일자리 창출을 위해 시행한 샌프란시스코 만 다리 건설 공사.

하지만 뉴딜은 대공황을 완전히 끝내지는 못했어. 1939년 당시 수백만의 미국인들이 여전히 실업상태에 있었지. 다만 루스벨트의 뉴딜은 사람들에게 희망을 주고 민주주의에 대한 신념을 강하게 해주었다는 점에서는 긍정적인 평가를 받을 만해. 또 국민들이 힘든 기간 동안 대통령과 의회가 어떻게 함께 일해야 하는지를 알았다는 점에서도 긍정적이지.

예기치 않게 1차 세계대전에 참전하지만 그로 인해 경제적 부를 쌓을 수 있었던 미국. 하지만 그게 거품을 만드는 것일 줄이야. 샴페인을 너무 일찍 터뜨린 흥청거림의 대가 치고는 정말 가혹했지. 이번 시간은 여기까지.

제11강

세계, 또 다시 전쟁에 휩싸이다!

1930년대에 미국뿐만 아니라 세계의 여러 나라들은 여러 가지 심각한 문제들을 가지고 있었어. 1차 세계대전의 후유증이랄까. 유럽과 아시아에서는 수백만 명이 실업상태였어. 그러자 사람들은 이런 문제를 풀 보다 강력한 리더십을 찾기 시작하지. 그런데 그런 와중에 등장한 강력한 리더십들은 힘을 엉뚱한데 썼어. 세계를 또 다시 전쟁 속으로 몰아넣은 거야. 이번 시간은 '세계, 또다시 전쟁에 휩싸이다!'라는 제목으로 강의할게.

히틀러, 무솔리니 그리고 히로히토

독일에 아돌프 히틀러Adolf Hitler라는 지도자가 등장해. 독일은 1차 세계대전 패전국인지라 여느 나라들보다 더 심각한 어려움에 처해 있었어. 나치Nazis라 불리는 정당을 이끌던 히틀러는 이

아돌프 히틀러 나치 완장을 차고 나치식 경례인 지크 하일 경례를 하고 있다.

런 국가의 문제를 풀 수 있다고 했지. 그는 1차 세계대전 이후 독일 국민들은 공정한 대우를 받지 못했고, 독일 문제의 상당부분은 유대인 때문이라며 화살을 유대인에게로 돌렸어. 히틀러가 유대인을 증오한 것은 경제적인 이유라고들 말해. 로마에서 쫓겨나 전 세계에 흩어져 살던 유대인들이 국민 대접을 제대로 받지 못하니까 돈이나 벌자며 금융업 같은 분야에 몰두해 경제권을 쥐게 되지. 독일에서도 그랬대. 1933년에 독일 정권을 잡은 히틀러는 곧바로 독재자로 변신해서 유대인들을 박해하기 시작했어.

이탈리아도 독재로 돌아섰어. 이탈리아 통치권을 잡은 무솔리

니Benito Mussolini는 1936년에 독일과 동맹을 맺지. 1차 세계대전
때 이탈리아가 독일과 오스트리아와 삼국동맹을 맺었던 것처럼.
물론 그땐 동맹에서 탈퇴하고 연합군에 가담했지만. 아무튼 그런
나라들이 다시 동맹을 맺는다? 뭔가 음모를 꾸미고 있다는 반증
아닐까? 이 나라들을 추축국Axis Powers이라고 불러. 이 추축국
지도자들은 유럽을 인수하길 원했다는 점에 문제의 심각성이 있
었어. 나중엔 일왕 히로히토裕仁까지 여기에 합세하고.

1935년 국제연맹을 탈퇴한 독일은 베르사유 조약의 군비 조항
을 일방적으로 파기했고, 같은 해 10월 이탈리아는 석유를 노리
고 에티오피아를 공격하지. 이때 미국에서는 중립을 지켜야 한다
며 아예 '중립법'1935년을 제정하여 개입 자체를 봉쇄했어.

그런데 독일은 라인란트 지방에 군대를 주둔시키고, 이탈리아
는 에티오피아를 완전히 점령했고, 일본마저 선전포고도 하지 않
고 중국을 공격했지. 그러자 영국, 프랑스, 독일 수뇌들이 뮌헨협
정Münich Agreement을 맺어서 독일의 수데텐란트Sudetenland, 체코
슬라바키아 서쪽 경계의 독일인 거주지역 합병안을 승인했어. 당근책으
로 독일의 호전성을 누그러뜨리려 했던 거지. 독일이 처음에는
수긍하는 듯하다가 결국 뒤통수를 쳤어. 1939년 10월, 히틀러 군
대가 폴란드를 침공하잖아. 그러자 영국과 프랑스는 독일에 대해
선전포고를 하면서 2차 세계 대전이 시작돼. 이때 독일에 대항해
싸우는 나라들을 연합국Allied Powers이라고 불렀어.

미국의 참전

전쟁 초기에 미국은 여전히 고립주의Isolationism를 고수했어. 때마침 대통령 선거가 있었어. 1940년 대선은 루스벨트가 3선에 도전하는 선거였어. 헌법에 3선 금지 조항이 있는 것이 아니지만 초대 대통령 워싱턴 때 만든 전통에 따라 모두 재선으로 끝냈지. 그런데 루스벨트가 3선에 나섰어. 루스벨트의 3선 도전은 파격의 파격이었지.

이때 또 하나의 쟁점이 있었어. 2차 세계대전 참전 문제였어. 중립주의를 공약으로 내세운 루스벨트가 당선됐지. 그런데 루스벨트는 당선되고 나서 마음을 조금씩 바꾸기 시작해. 루스벨트의 속내는 이미 영국을 도울 작정이었어. 의회의 반대에 부딪쳐 제대로 실행을 못하고 있었을 뿐이었지. 때마침 영국의 처칠 수상이 루스벨트에게 공식으로 도움을 요청했어. 이때다 싶은 루스벨트는 '노변정담Fireside Chat'을 통해 국민들을 설득하기 시작하지.

"누구든 지금 불타고 있는 이웃집에 호스를 빌려줄 때 먼저 물건 값부터 내라고 하지 않을 겁니다."

말 되지? 영국이 지금 불타고 있는데, 한가하게 물건 값부터

[노변정담]
대공황 극복이란 막중한 임무를 띤 루스벨트가 라디오를 이용하여 국민과의 직접 대화에 나선 프로그램이야. 난롯가(Fireside)에 모여앉아 정겹게 얘기를 나누는 것처럼 정부 정책을 국민들에게 친근감 있게 소개하려는 의도에서 붙여진 이름이야.

먼저 내라고 할 수 없다는 논리였어. 그러니 우선 지원부터 하는 게 도리라는 주장이었지. 루스벨트는 1892년에 통과만 된 채 한 번도 발효된 적이 없는 '무기대여법Lend Lease Act'을 내세워 영국에 군수품을 지원할 수 있도록 의회의 승인을 받아냈어. 전쟁에는 직접 참가하지 않지만 미국의 방위에 필요하다고 여겨지는 나라에 무기를 빌려줄 수 있다는 것이 이 법의 골자였거든.

마침 독일이 미국 배들을 공격하기 시작했는데, 1941년 구축함 그리어Greer 호를 비롯하여 연이어 구축함들이 독일의 공격을 받아 사상자들이 발생해. 미국의 인내심이 임계점에 도달하고 있었어. 그래도 루스벨트는 직접 참전하지는 않았어.

그런데 도발은 엉뚱한데서 일어났어. 1940년 추축국에 가담한 일본이 중국의 일부를 손아귀에 넣고, 이제는 동아시아와 태평양의 섬들을 지배하려고 나섰던 거지. 소위 '대동아공영권大東亞共榮圈, 일제가 아시아 대륙 침략을 합리화하기 위해 내세운 정치 슬로건'을 실현하겠다고 한 거야.

1941년 12월 7일 새벽, 일본 항공기들이 하와이의 진주만Pearl Harbor을 기습 공격했어. 졸지에 급습당한 미국의 태평양 함대는 거의 파괴됐어. 루스벨트는 그날을 '악명이 살아 있는 날'이라고 불렀어. 미국은 즉각 일본에 대해 선전포고를 하고 연합국에 가담하지. 독일과 이탈리아도 미국에 대해 선전포고를 하고.

2차 대전은 1차 대전과 마찬가지로 미국 국민들에게 큰 영향을 줬어. 군수품 공장에서 밤낮으로 일해야 했고, 어린이도 군수품 공장에서 사용될 낡은 타이어나 고철을 주울 정도로 총력전을 폈어. 미국 정부는 국민들에게 전쟁채권을 사라고 했어.

한편 진주만 공격 후 미국에 사는 많은 일본계미국인들의 입장, 난처할 것 같지? 천만에. 대다수 일본계미국인들은 조국을 지원하길 원했고, 수천 명이 실제로 조국의 군대에 입대했어. 상황이 이러하자 미국은 집미국에 있는 일본계미국인들도 일본을 도울지도 모른다고 걱정했어. 그래서 루스벨트는 11만 일본계미국인들을 수용소internment camp에 살도록 강제 명령을 발표하지. 이들은 전쟁이 끝날 때까지 이 수용소에서 지내야만 했어.

노르망디 상륙작전과 원자폭탄 투하

2차 세계대전은 크게 나눠 3개의 주요 지역에서 진행됐어. 유럽과 북아프리카에서는 연합국과 독일·이탈리아가, 태평양에서는 연합국과 일본이 싸웠지. 미국이 2차 세계대전에 가담했을 때 독일과 이탈리아가 이미 유럽의 상당부분을 정복했었어. 그래서 연합국은 반격을 가해야만 하는 입장이었어.

1944년 6월 5일 디데이로 알려진 날, 15만 연합국 군대가 남부 잉글랜드에서 명령이 떨어지길 초조하게 기다리고 있었지. 영국해협은 종종 강한 바람이 불고 거센 파도가 치는데, 이날도 그랬거든. 보트가 영국해협을 건너기는 힘들 것 같았어. 디데이가

노르망디 상륙작전 2차 세계대전 전세를 바꾸고 연합국 승리의 계기가 된 상륙작전.

6월 6일로 다시 결정돼. 그날 일찍 어둠을 뚫고 군인과 지원 물품들을 실은 4,500여 척의 배가 거친 물살을 헤치고 프랑스로 향했어. 동시에 수백 대의 연합국 전함과 폭격기가 프랑스에 있는 독일군에게 맹공을 퍼부으면서. 노르망디Normandy 상륙작전. 노르망디에 상륙한 연합국은 독일군의 격렬한 저항에 맞서 용감하게 싸웠어. 해안의 지배권을 획득했고, 프랑스와 벨기에의 상당부분을 해방시켰지. 아이젠하워Dwight D. Eisenhower가 이끄는 미군과 영국군은 서부에서 독일로 향했어. 소련Soviet Union, 현 러시아군은 동부에서 독일을 공격했고. 이제 목표는 독일 본토. 1945년 4월, 연합국은 독일의 수도 베를린에 접근하고 있었지. 소련군이 베를린 탈환을 맡았어. 독일군은 최후의 항전을 시도했으나 상황을 뒤집지는 못했지. 1945년 5월 7일, 독일이 항복해.

한편 유럽 전황이 식어가는 동안에도 일본과의 태평양 전쟁은 계속되고 있었지. 1945년 여름, 미국은 로버트 오펜하이머Robert Oppenheimer, 1904~1967의 지휘 아래 비밀리에 가동돼온 '맨해튼 프로젝트'가 결실을 맺어. 이해 8월 6일 일본 시각으로 아침 8시 15분, 미국 장거리 폭격기 '에놀라 게이Enola Gay'가 '리틀 보이'라 이름 붙여진 폭탄 하나를 일본 히로시마에 떨어뜨리지. 이 폭탄의 가공할 만한 폭발로 거의 10만 명이 죽었어. 사흘 후 미군은 일본의 또 다른 도시인 나가사키에도 폭탄 한 개를 떨어뜨려 초토화 시키지. 원자폭탄이었어. 일본은 재빨리 항복. 이렇게 2차 세계대전은 모두 끝났어. 우리나라는 일본의 강압통치에서 해방되고, 그리고 남과 북으로 갈라지고.

차가운 전쟁

2차 세계대전의 끝은 또 다른 시대를 여는 출발점이었어. 냉전 Cold War 시대의 개막. 즉 차가운 전쟁이 시작된 거야. 냉전이란 말은 미국의 평론가 월터 리프먼Walter Lippmann이 쓴 「The Cold War」1947라는 논문에서 비롯됐는데, 화약이 불을 뿜는 일반적 전쟁과 달리 실제 직접 무기를 사용하지 않고 정치, 경제, 외교, 정보 등을 수단으로 서로 적대시하는 국가 간의 대립상태라고 설명할 수 있어. 실제 화약 사용이 없어 불꽃을 일으키지 않으니 차갑잖아. 차가울 냉冷 자를 써서 냉전. 그렇게 이해하면 쉬울 거야.

그럼 누구와 누가 적대했다는 거야? 공산주의인 소련이 한 축이었고, 자본주의인 미국이 다른 한 축이었지.

그런데 2차 세계대전은 묘한 구석이 있어. 냉전시대 적대적인 자본주의 미국과 공산주의 소련이 같은 편에 서서 함께 싸웠다는 점이야. 그건 아무래도 자국의 이익 때문이지. 소련의 참전 역시 자국의 관할지역이 독일의 공격을 받았기 때문이야.

2차 세계대전이 끝날 무렵 미국과 소련 간의 동맹 관계에 금이 가기 시작했어. 서로 본심이 작용한 거겠지. 소련은 동유럽에 공산주의 국가를 건설하여 영향력을 행사했고, 1949년에는 중국도 공산주의가 됐지. 미국은 서유럽을 자본주의 진영으로 만들어 영향력을 행사하기 시작했어. 2차 세계대전 후 미국과 소련은 세계에서 가장 강력한 나라가 되었지. 그들을 초강대국superpower이라 불렀어. 두 나라가 양극체제를 이루었던 거지.

2차 세계대전 전범국 독일을 미국과 소련이 양분하여 지배하면서 냉전구도는 고착화 됐어. 독일의 서쪽을 미국·영국·프랑스가, 동쪽을 소련이 각각 차지했잖아. 독일의 수도 베를린도 동과 서로 나눠 소련과 미국이 통치했어.

그런데 1948년 6월, 소련은 미국과 영국, 프랑스에게 서베를린에서 떠나라고 요구하고는 서베를린으로 가는 모든 도로와 철도를 봉쇄했어. 베를린 바깥은 동독지역이어서 도로와 철도를 봉쇄하면 드나들 방법이 없었거든. 서베를린 사람들은 소련 봉쇄의 인질이었어. 그래서 식량과 생활필수품이 공급되지 않으면 굶어죽을 판, 심각했지. 오직 남은 길은 하늘길뿐이었어. 그래서 미국과 영국, 프랑스는 고심 끝에 베를린 공수작전Berlin Airlift을 펴지. 매일 밤낮 비행기가 서베를린으로 날아가 낙하산으로 물품들을 투하했어. 이때 게일 할보르센Gail S. Halvorsen이 '캔디 폭격기candy bomber'를 조종했어. 공수작전을 하면서 독일 아이들에게 캔디를 떨어뜨려서 붙여진 별명이야. 그는 또 '실룩거리는 아저씨uncle wiggly wings'라는 별명도 가지고 있었어. 운동장에 있는 아이들에게 비행기 날개를 좌우로 실룩실룩 거리며 신호를 보낸 데서 붙여졌어.

1949년 5월 마침내 소련은 봉쇄를 풀었어. 동독의 교통과 통신시설에 대한 연합국의 대응조치와 서방 측이 동유럽권의 모든 전략수출품에 대한 수입 금지를 단행했기 때문이었어. 그리고 1961년 소련은 베를린의 공산주의 지역과 자본주의 지역을 구분하기 위해 베를린 장벽을 구축했어. 이렇게 동과 서는 서로 적대관계가 되어 냉전 시대를 이끌며 역사의 한 페이지를 장식하지.

냉전 갈등

미국과 소련을 중심으로 하는 동과 서, 여기서 동과 서의 의미가 방향을 가리키기보다 자본주의를 체제이념으로 삼는 진영은 서, 공산주의를 추종하는 진영은 동, 이런 거야. 예를 들어보자. 독일의 수도 베를린이 동과 서로 나뉘었는데, 서베를린은 자본주의, 동베를린은 공산주의. 그래서 동과 서로 나뉘지. 좀 더 크게 보면 동유럽은 공산주의, 서유럽은 자본주의. 이왕 얘기 나온 김에 미국 역사교과서에 나오지 않지만 방향과 관련한 상식하나 더 알고 가자. 남과 북은? 적도를 중심으로 남쪽은 가난한 나라, 북쪽은 부자나라들이 있다고 하여 국가 간 빈부의 차이를 설명할 때 쓰는 말이야. 다시 정리하면 동서는 이념 즉 정치적 구분, 남북은 경제적 구분을 하는 용어라고 보면 돼.

여하튼 동과 서가 대립하며 긴장이 높아지는 한편 1945년에 새로운 국제조직인 국제연합United Nations, UN이 결성되었어.

유엔은 1차 세계대전을 계기로 만들어졌던 국제연맹을 계승한 국제기구라고 볼 수 있는데, 이번엔 미국이 주도적으로 참가해. 이름도 루스벨트Franklin Delano Roosevelt가 생각해 낸 것으로 알려져 있지. 출발은 2차 세계대전 중 26개국 대표가 모여 추축국에 대항하여 계속 싸울 것을 결의하였던 1942년의 '연합국 선언'이었어. 1945년 샌프란시스코에 미국·영국·중국·소련 등 50여 개국 대표가 모여 '국제기구에 관한 연합국 회의'를 개최하여 국제연합헌장을 작성했었거든. 1945년 6월 26일 50개국 대표가 국제연합헌장에 서명했고, 10월 24일 공식 출범했지. 세계 평화 유지를 위한 유엔에 냉전시대의 양극을 대표하는 미국과 소련도 동시에 참여하고 있다는 점에서 흥미를 끌어. 그래서 1950년대 초창기에는 여러 가지 어려움에 직면하기도 했지.

2차 세계대전 종전 처리 과정에서 국민들의 의사와는 상관없이 남한과 북한으로 분단된 한반도에서 1950년 6월 25일 전쟁이 일어나. 남한은 자본주의, 북한은 공산주의. 왜 동과 서 논리가 적용 안 되느냐고 항의(?)하지는 않겠지? 그날은 일요일, 북한군이 남한을 침공했어. 그러자 유엔은 남한을 돕기 위해 군대를 파견하지. 맥아더Douglas MacArther 장군이 유엔군을 이끌었는데, 모두 16개국에서 왔어. 미국이 가장 많은 군대를 파견했었지.

쿠바 미사일 위기

1959년 피델 카스트로Fidel Castro가 미국 플로리다 코앞에 있는 섬나라 쿠바의 권력을 잡았어. 혁명이 일어난 거야. 원래 스페인 식민지였던 쿠바는 1902년 독립한 후 미국 자본이 대거 들어가 사탕수수농장을 경영하는 등 사실상 미국의 영향력 하에 있었거든. 쿠바 국민들의 삶은 궁핍했어. 거기다 바티스타 독재정권이 부패하여 국민들을 더 힘들게 만들었지. 그래서 혁명이 일어난 거야. 쿠바혁명이 처음에는 민주주의 혁명의 성격을 띠었다가 1960년 후반 이후부터는 사회주의 혁명으로 바뀌었어. 소련이 쿠바에 공산주의 정권이 들어서도록 카스트로를 도왔던 거지.

케네디-흐루쇼프 회담 1961년 미국 케네디 대통령과 소련 흐루쇼프 서기장의 회담.

쿠바는 1961년 1월 미국과 모든 관계를 끝냈고, 4월 16일 사회주의 혁명이라고 선언함으로써 사회주의 국가가 탄생하지.

그런데 1962년 10월, 미국은 소련이 비밀리에 쿠바에 미사일을 보내고 있다는 것을 알았어. 미사일은 원자폭탄을 탑재해 발사하면 쉽게 미국에 도달할 수 있는 가공의 무기잖아. 기습공격에 대한 두려움을 안고 케네디John F. Kennedy 대통령, 뒤에 케네디 대통령에 대해서는 자세하게 설명할 거야, 케네디가 쿠바 봉쇄를 명령하지. 미국 전함들이 쿠바를 에워싸고 쿠바로 무기가 들고나는 것을 막았어. 케네디는 이 봉쇄가 소련이 미사일을 제거하라는 압박이 되길 바랐어. 그러나 소련은 거절했어. 미국이 제거하라고 해서 쉽게 물러설 소련이 아니지. 당시 소련의 무기가 결코 미국에 뒤떨어진다거나 하는 상황이 아니었거든. 더욱이 공들여 만든 쿠바 공산주의 정권이 미국 때문에 타도될지도 모른다는 점에서 강경노선은 불가피했어. 미국과 소련의 대치 상황은 핵전쟁의 위험까지 불사하는 위기의 순간이었대.

케네디는 속으로 강경불사였지만 강경작전을 구사하지는 않았어. 쿠바에 대한 공중폭격과 상륙작전을 하지 않고 소련 상선의 쿠바 접근만을 저지하는 해상봉쇄만 했었지. 흐루쇼프예전엔 흐루시초프라고도 했어 소련 총리와 협상의 여지를 남겨 둔 거야. 그러면서 소련이 핵미사일과 기지를 철거하지 않으면 미국은 소련과 전면전도 불사한다고 으름장을 놓았지. 일촉즉발의 위기.

하루하루 긴장의 끈은 팽팽하게 조여지고 있었어. 엿새째 되던 날인 1962년 10월 26일, 소련은 미국이 쿠바를 침공하지 않겠다고 약속하면 미사일을 철거하겠다는 의사를 미국에 전달했어. 그리고 쿠바의 소련 미사일기지와 터키의 미국 미사일기지의 상호 철수를 제안했어. 이 제안을 미국과 소련이 받아들임으로써 쿠바 미사일 위기는 막을 내리지. 그리고 미국과 소련은 워싱턴과 모스크바를 연결하는 '핫라인hot line, 긴급통신연락망'을 설치해. 이후는 어떻게 될까? 다음 시간에.

제12강

미국, 일강체제를 만들다!

자본주의 진영의 종주국 미국과 양강체제를 이루던 사회주의 진영의 종주국 소련이 역사의 뒤꼍으로 물러났어. 그럼 어떻게 되지? 맞아. 미국 독무대가 되는 거지. 유식한 말로 하면 미국의 일강체제. 자, 이렇게 되면 미국을 당할 자 있을까? 대답은 뻔해. 당할 자 없어. 지금은 중국이 급성장하면서 소련의 역할을 대신하려고 해. 사사건건 미국과 대립하면서 목소리를 키우고 있지. 미·중 간 긴장관계가 높아지는 건 당연하겠지. 하지만 양강체제는 아직 중국의 희망사항일 뿐이야. 역부족이지. 솔직히 말하면 중국이 아직은 깜냥이 안 된다고 봐.

그래서 본강의로 마지막인 이번 시간에는 1950년대 이후의 미국역사를 '미국, 일강체제를 만들다!'라는 제목으로 살펴보려고 해. 당대사여서 아직 역사적 평가를 곁들여 언급하기에는 조심스러운 부분이 있어. 여전히 평가가 진행 중이라고 할 수 있거든. 해서 해석보다는 설명 위주로 진행할게.

1950년대

'베이비부머Baby boomer'라는 말 들어봤지? 요즘 우리나라가 노령화 사회로 진입하면서 그 원인 중의 하나로 꼽히는 말이지. 한국전쟁 직후인 1955년부터 가족계획정책이 시행된 1963년까지 태어난 세대를 말해. 그때 태어난 사람들 60만 명 이상이 매년 노인 세대에 편입된다지.

미국도 마찬가지야. 2차 세계대전이 끝난 1946년부터 1965년 사이에 태어난 세대를 베이비부머 세대라고 불러. 전쟁으로 떨어져 있던 부부가 결합하고, 미뤘던 결혼도 한꺼번에 이뤄진 탓에 아이들이 많이 생겨난 거지. 1950년대에 미국 인구가 2천 8백만 명 이상 증가했다고 하니 '마구 낳았다'는 표현도 가능할 것 같아. 어떤 통계를 보니까 미국 인구 2억 6천만 명 중 29%를 차지한다고 할 만큼 붐이었으니까. 해서 1950년대의 미국을 한 마디로 표현하면 '베이비부머시대'라고 할 수 있을 것 같아.

그런데 이 베이비부머 세대는 미국 사회의 신주도층이 되면서 엄청난 변화를 추동하지. 한때를 풍미했던 성해방과 반전反戰운동, 히피 문화와 록 음악 부흥 등 다양한 사회·문화운동이 다 이들의 주도적인 역할로 발전했었어.

아울러 1950년대는 경제부흥기라고 규정할 수 있어. 한 마디로 말하면, 경제의 급성장기. 당시의 경제가 얼마나 호황이었는지를 보여주는 단적인 예가 있어. 세탁기 같은 가전제품 수요가 폭발적으로 증가해 공급이 수요를 따라잡느라 헉헉 댔대. 없어서 못 팔 지경인 거지. 집도 마찬가지였어. 주택의 증가속도가 인구의 증가속도를 따라잡지 못했어. 그러니 어땠겠어. 집값이 오르고 난리도 아니었지. 대규모 주택단지가 개발되는 등 갖가지 대응책이 마련되었어. 그렇지만 집이란 게 하루아침에 뚝딱 지어지는 게 아니잖아. 빨리 짓는 방법을 생각하게 되고, 그러다보니 집들은 서로 닮은꼴을 하고 다닥다닥 붙어 있는 모양을 하게 되었다나.

경제가 호황을 구가하면서 노동자들의 수입은 증가했고, 늘어난 수입은 집이나 자동차를 살 때 더 좋은 걸 선택하게 했고, 영화나 야구경기 관람 같은 오락이나 문화생활을 적극 영위하게 했지. 특히 1950년대 미국사람들의 삶에 있어서 매우 중요한 수단은 자동차였어. 대부분 교외에 살기 때문에 자동차가 없으면 생활 자체가 어려울 지경이야. 지금도 마찬가지지만. 자동차를 타고 국립공원 같은 곳으로 레저를 즐기러 다녔고, 자동차 전용 극장에서 자동차를 탄 채 영화를 보고, 드라이브인 버거 레스토랑에서 롤러스케이트를 탄 사람의 서비스를 받았지. 심지어 디저트를 먹기 위해 드라이브인 아이스크림 가게로 갔을 정도. 도심을 벗어난 쇼핑센터가 인기 끄는 건 당연했었어.

1950년대 사람들의 삶에서 더 없이 중요한 것 또 하나는 텔레비전이었어. 텔레비전은 집을 떠나지 않고도 새로운 곳을 쉽게 볼 수 있도록 해주잖아. 텔레비전이 없을 때는 라디오를 듣거나 신문을 보면서 새로운 뉴스를 접했어. 텔레비전과 라디오는 로큰롤rock'n roll이 1950년대를 풍미하는 데도 일조했지. 전자기타가 토해내는 강력한 비트에 맞춰 절규하듯 노래 부르는 이 새로운 음악은 십대들을 사로잡았지. 척 베리Chuck Berry와 엘비스 프레슬리Elvis Presley. 이름만 들어도 전설 냄새가 나잖아. 일부에서는 로큰롤이 지속될 것인지에 대해 의구심을 가졌는데, 1950년대는 단지 시작에 불과했지. 로큰롤은 여전히 즐겨 듣는 음악장르로 계속 발전하며 새로운 종류의 음악들로 변화시키고 있어.

시민권

노예제가 종식되었다고 해서 아프리카계미국인에게는 완전한 평등이 주어지지 않았어. 그들의 시민권은 제한된 것이었어. 시민권은 투표권, 동등한 대우 받을 권리, 공개발언권처럼 국가가 시민들에게 보장하는 권리인데, 제대로 보장이 안 된 거지. 그래서 남북전쟁 후 거의 100년 동안 아프리카계미국인들은 완전한 평등을 쟁취하기 위한 투쟁을 하잖아.

사실 아직도 미국에는 알게 모르게 인종차별이 이루어지고 있어. 백인 경찰이 흑인을 특별한 이유 없이 체포할 때 보여주는 무자비한 폭력, 심심찮게 텔레비전 뉴스를 장식하는 거 봤지? 'BlackLivesMatter' 운동이 물결처럼 일어나잖아. 물론 겉으로는

【BlackLivesMatter】
'흑인의 목숨도 소중하다'는 의미의 흑인 민권 운동을 말해. 2012년 흑인 고등학생을 백인 방범대원이 총으로 쏴 죽였지만 무죄로 풀려나자 시작된 운동으로, 2020년 백인 경찰의 과잉진압으로 비무장의 흑인 남성 조지 플로이드가 사망한 사건을 계기로 더 격화됐어.

그럴 수 없지.

1950년대 초, 여러 곳에서 인종 분리 정책이 시행돼. 일부 도시에서는 아프리카계미국인은 백인과 똑같은 식당과 학교를 사용하지 못하게 했어. 이 분리정책은 합법이었어. 물론 많은 사람들은 이런 차별 정책은 시행되지 말아야 한다고 생각했지.

하지만 이 문제는 법정투쟁을 통해 잘못됐다는 판결을 받아도 제대로 지켜지지 않았어. 1954년 린다 브라운Linda Brown의 부모가 캔자스의 토페카Topeka 교육청을 상대로 소송을 냈지. 린다가 백인 학생과 똑같은 교육을 받지 못했다는 게 이유야. 대법원은 분리정책은 헌법정신에 위배되므로 모든 공립학교는 인종차별 정책을 폐지하라고 명령했어. 그런데도 일부 주정부는 대법원의 결정에 따르지 않았잖아. 1957년 아이젠하워 대통령이 아칸소주 리틀록Little Rock에 있는 한 백인 전용 고등학교에 아프리카계미국인 학생들의 등록을 보호하기 위해 군인까지 파견했을 정도.

1955년 앨라배마 주 몽고메리Montgomery에서 로사 파크스Rosa Parks라는 아프리카계미국인 여성이 버스 의자에서 일어나라는 요구를 거부하는 일이 일어났어. 당시 몽고메리 시 조례에는 아프리카계미국인은 정해진 구역, 즉 버스의 뒷자리에만 앉아야 한다고 명시돼 있었거든. 그런데 로사 파크스는 정해진 자리가 아닌 곳에 앉아 있었어. 경찰이 백인에게 의자를 내주지 않았다는 이유로 파크스를 체포해. 그러자 몽고메리 아프리카계미국인 교회 지도자들은 항의의 표시로 버스보이콧운동을 전개했어. 버스 대신 자전거를 타거나 걸어 다니자고 한 거지.

이때 젊은 목사 한 사람이 몽고메리에 왔어. 그가 바로 마틴 루터 킹 주니어Martin Luther King Jr.. 그는 적극적으로 몽고메리버스 보이콧 운동을 이끌었어. 킹은 다치거나 체포되더라도 절대로 반격하여 싸우면 안 된다며 철저하게 비폭력저항운동으로 전개했어. 결국 대법원은 1956년에 버스좌석 분리정책은 불법이라는 판결을 내리지.

나에겐 꿈이 있습니다

1960년 노스캐롤라이나 주 그린즈버러Greensboro의 한 대학식당, 네 명의 아프리카계미국인 대학생들이 점심 코너에서 '백인 전용' 좌석에 앉아 있었어. 그들은 서빙을 받을 때까지 자리 비켜 주기를 거부하고 있었지. 일종의 연좌농성이었어. 이 일을 계기로 54개 도시에서 이들을 지지하는 연좌농성이 일어나.

그러자 1963년에 의회는 분리정책을 종식하는 법안을 논의하기 시작했어. 이때 이 법안에 대한 지지를 보여주기 위해 마틴 루터 킹 목사와 시민권 지도자들이 워싱턴D.C.에서 항의 행진을 조직하지. 20여만 명이 참가했어. 1963년 8월 28일 수천 명이 워싱턴기념탑에서 링컨기념관까지 행진했어. 킹은 이 행진에서 그의 가장 유명한 연설을 하지.

"나에게는 꿈이 있습니다. 나의 네 자식들이 이 나라에 살면서 피부색으로 평가되지 않고 인격으로 평가 받게 되는 날이 오는 꿈입니다."

대중들은 열광했어. 모골송연이란 말 들어봤어? 머리털이 곤두선다는 말이야. 요즘은 '소오름!' 하잖아. 자유를 향한 그의 사자후를 들으면서 사람들은 서로 서로 손을 맞잡았어.

"우리가 자유를 울려 퍼지게 했을 때, 우리가 모든 마을과 촌락에서, 모든 도시와 주에서 자유가 울려 퍼지게 했을 때, 우리는 더 빨리 그날로 가게 할 수 있습니다. 그날은 흑인, 백인, 유대인, 이교도, 신교도, 가톨릭교도, 모든 신의 자녀들이 손을 잡고 자유가 왔다! 드디어 자유가 왔다! 전능하신 하느님 감사합니다! 하고 우리는 마침내 흑인 영가를 부를 수 있는 날입니다."

킹 목사의 '나에겐 꿈이 있습니다'라는 제목의 이 연설은 보다 많은 사람들이 시민권 운동에 참가하도록 하는데 큰 역할을 했어. 린든 존슨Lyndon B. Johnson 대통령이 1964년 의회와 함께 시민권법Civil Rights Act을 통과시켰지. 학교, 직장, 레스토랑, 극장 같은 공공장소에서 차별을 금지하는 법이야. 다음 해 의회는 모든 미국인들의 권리를 인정하는 방향으로 논의를 보다 진전시켜. 그리고 1965년 투표권법The Voting Rights Act을 제정하여 인종이나 민족적 배경으로 인해 투표권을 제한받지 않도록 했어.

하지만 좋은 일이 있으면 꼭 나쁜 일이 온다는 말처럼 비극적인 일이 일어났어. 1968년 마틴 루터 킹 목사가 암살당한 거야. 그러나 전화위복. 화를 도리어 복으로 만든다는 말처럼 이 슬픈 사건은 시민권운동을 보다 활발하게 만들었지.

1960년대 삶

1960년에 혜성같이 등장한 인물이 있어. 새 대통령에 당선된 케네디John F. Kennedy. 케네디의 대통령 당선에는 여러 의미가 담겨 있었어. 선출된 대통령 중 가장 나이가 어렸고, 또 최초의 로마 가톨릭교도였어. 미국을 건국하고 역사를 주도해온 주역들이 개신교도들이었다는 점을 감안하면 가톨릭교도의 당선은 미국 사회가 새로운 세계로 나아간다는 것을 상징한다고 볼 수 있거든.

지금도 사람들의 입에 자주 오르내리는 케네디의 대통령 취임 연설은 명연설로 꼽히지.

"자, 미국 국민 여러분! 당신의 나라가 당신을 위해 무엇을 할 것인지를 묻지 말고 당신의 나라를 위해 당신이 무엇을 할 것인지를 물어보십시오."

케네디는 핵실험금지 조약1963년을 성사시키는 등 군비축소를 위해 노력하는 한편 우주경쟁에 뛰어들었던 대통령이야. 소련과의 우주경쟁에서 첫 번째 승리자는 소련이었어. 1957년 소련 로켓인 스푸트니크Sputnik 1호가 우주 바깥으로 쏘아 올려졌어. '위성' 또는 '동반자'라는 뜻을 가진 이 스푸트니크라는 이름에 대한 러시아소련의 자부심은 대단해. 요즘 온 세계를 휩쓸고 있는 코로나19 백신 이름을 바로 스푸트니크라고 지었잖아.

1961년 4월에는 소련 우주인 유리 가가린Yuri Gagarin이 최초로 우주캡슐을 타고 지구를 돌았어. 하지만 미국도 가만있지 않았지. 가가린의 비행 한 달 후 앨런 셰퍼드Alan Shepard가 미국인 최초로 우주 바깥으로 나갔잖아. 1962년 2월에는 존 글렌John Glenn이 거의 5시간 동안 지구궤도를 돌았어. 이렇게 미국의 기술력이 결코 소련에 뒤지지 않는다는 것을 보여주며 케네디는 소련보다 먼저 달에 도착할 것을 약속해. 그 약속은 현실이 되었지. 1969년 7월 20일 닐 암스트롱Neil Armstrong과 버즈 올드린Buzz Aldrin이 달착륙에 성공하잖아. 역사상 최초로 인간이 또 다른 세계에 발을 내딛는 역사적인 사건이었지.

하지만 케네디는 달 착륙을 보지 못해. 1963년 텍사스의 댈러스Dallas에서 암살당하잖아. 미국인들은 인기 있는 젊은 대통령의 급작스런 죽음에 충격과 슬픔을 감추지 못했어. 부통령이었던 린든 존슨Lyndon B. Johnson이 케네디의 유해를 실은 전용기 안에서 대통령 취임 선서를 했어. 시민들이 보다 나은 사회를 만들 수 있다고 믿었던 케네디 대통령. 그가 남긴 업적 중 아직도 이어지는 것이 있어. 평화봉사단Peace Corp. 세계 각처에 아이들을 가르치기 위해, 식량을 재배하기 위해, 사업을 개발하기 위해 자원봉사자를 파견하는 프로그램이야.

위대한 사회Great Society 프로그램을 통해 사람들의 삶을 개선하려고 노력했던 존슨 대통령 앞에는 크고 작은 문제들이 일어났어. 우선 그를 시험에 들게 한 사건은 '통킹 만 사건'. 북베트남 수뢰정이 통킹 만에서 미 구축함 매독스Maddox 호를 공격한 거야. 남과 북으로 분단되어 있었던 베트남은 미국의 군사적 전략 요충지였는데, 북베트남이 호시탐탐 남베트남을 공산화하려고 게릴라전을 펴고 있었어. 미국의 신경이 많이 쓰이던 차 이런 일이 일어난 거야. 존슨 대통령은 대규모 전투병력 투입과 베트콩Viet Cong, 베트남 공산주의자 군사시설에 대한 폭격을 승인했지. 베트남 전쟁이 본격 시작된 거지.

1968년에 미국은 베트남에 50만 명의 군대를 주둔시켰을 정도로 베트남 전쟁에 깊숙이 개입하고 있었어. 하지만 미국 내 여론은 분분했어. 북과 남베트남 간의 내전에 간섭하지 말아야 한다, 공산주의 확산을 막아야 한다, 전쟁론과 반전론이 한 치의 양보도 없이 치열한 공방전을 펼쳤지. 대학생들은 이 전쟁을 반대했어. 전쟁론에 대한 여론의 지지가 점점 약화됨에 따라 반전캠페인은 모든 세대가 참가하는 대규모 시위로 변했고, 반전시위가 전국의 도시에서 동시다발적으로 일어나게 되지.

  미국 정부의 고민도 깊었어. 이러지도 저러지도 못하는 딜레마. 이때 새 대통령이 뽑혔어. 리처드 닉슨Richard Nixon. 1968년 대선에서 그는 베트남전의 조속한 종결을 공약으로 내걸었지. 대통령에 당선되자 그는 공약대로 군대를 철수하기 시작했어. 대신 북베트남에 대한 비행기 폭격을 증가하는 한편 남베트남 서쪽에 위치한 캄보디아도 폭격했어. 공산주의 전사들이 그곳에 근거지를 갖고 있었기 때문이야. 그래도 전쟁은 끝날 줄 몰랐어. 이 전쟁엔 한국도 1964년부터 군대를 파견하여 미국을 도왔어. 그러다 1973년에 북베트남과 남베트남 그리고 미국은 전쟁중지안에 서명하지. 미군은 자국으로 돌아갔지만 공산주의자들이 다시 싸움을 일으켜 2년 후 북베트남이 남베트남을 패퇴시키고 사회주의 국가를 건설해. 여하튼 베트남에서 공산주의 확산을 막겠다고 개입한 전쟁에서 미국은 희생만 치르고 결과는 패배했지.

1970년대의 도전

  1970년대의 미국 정책은 국제문제에 초점이 맞춰져 있었다고 해도 틀리지 않을 것 같아. 전반기를 이끈 닉슨 대통령도 그랬지만 후반기를 이끈 카터 역시 마찬가지였지. 닉슨부터 살펴볼까.

닉슨 하면 우선 데탕트 외교가 떠올라. 데탕트Detente가 뭔지 알지? 긴장완화. 미국과 소련이 군비축소를 통해 긴장을 줄이는 것. 닉슨의 업적 중 눈에 띄는 것은 두 공산주의 강국, 중국과 소련과 관계를 개선한 일이지. 1972년 닉슨은 미국 대통령으로는 처음 중국을 방문해 중국 지도자 마오쩌둥毛澤東, 1893~1976과 만나. 이 역사적 만남이 가능하게 한 것은 핑퐁Ping-pong 외교였어. 1971년 일본 나고야에서 열린 세계탁구선수권대회에 출전했던 미국 선수단이 4월 10일부터 17일까지 중국을 방문했던 것. 선수 15명과 기자 4명으로 꾸려진 방문단은 저우언라이周恩來, 1898~1976 총리와 면담을 가진 데 이어 베이징, 상하이, 광저우 등을 순방하면서 중화인민공화국 수립 후 20년 이상 막혔던 미국과 중국의 교류에 징검다리를 놓지. 그리고 1971년 7월 헨리 키신저 미국 국가안보담당 보좌관이 극비리에 중국을 방문했어. 1972년 2월에 이루어진 닉슨 대통령의 방중을 추진하기 위해서였지. 핑퐁은 탁구의 영어 표현이야. 같은 해 닉슨은 소련도 방문해. 소련 지도자들과 핵무기 감축안에 서명하는 개가를 올리지.

닉슨 재임 시절에 모든 국제관계가 다 잘 된 것은 아니야. 중동 문제는 더 악화됐어. 1973년 이집트와 시리아가 이스라엘을 공격하면서 전쟁이 일어났어. 미국은 동맹인 이스라엘을, 중동의 오일생산국들은 이집트와 시리아를 지원했어. 또 오일생산국들은 미국도 응징하기로 결정하지. 미국이 오일 수입국이라는 약점을 이용하여 오일 생산량을 대폭 줄였어. 공급이 적어지면서 오일 가격이 급상승, 오일 쇼크가 일어났지. 이로 인해 인플레이션이 왔어. 오일 위기는 5개월 만에 끝났지만 인플레이션은 수년 동안 골치 아픈 문제가 되어 미국 경제의 속을 썩였지.

이런 상황 속에서 닉슨은 재선에 도전하면서 결정적인 과오를 저질렀어. 워터게이트Watergate 사건. 워싱턴 워터게이트 빌딩에 입주해 있는 경쟁관계의 민주당 사무실에 침입해 도청장치를 설치하고 비밀정보를 캐냈던 거야. 닉슨은 몰랐다고 발뺌하지만 거짓말인 것이 들통 나 결국 1974년 대통령직을 그만두지. 사임한 최초의 미국 대통령이란 오명을 썼어. 워터게이트 사건과 인플레이션으로 민심이 흉흉했던 미국 유권자들은 1976년 대선에서 변화를 선택했어. 닉슨의 뒤를 이어 대통령직을 승계한 현직 제럴드 포드Gerald Ford와 남부 땅콩농장 출신인 무명의 지미 카터 Jimmy Carter 민주당 후보와 맞섰는데, 카터가 당선된 거야.

1970년대 후반기를 맡은 카터 역시 닉슨처럼 국내보다는 국제문제에서 더 성공적인 성과를 냈지. 1978년 '캠프데이비드 협정 Camp David Accord'을 이끌어 내잖아. 대통령 별장인 캠프데이비드로 이집트와 이스라엘 지도자를 초청해 평화협정에 서명하게 함으로써 양국의 30년 묵은 문제를 해결했어.

카터는 인플레이션을 해결하기 위해 정부의 소비를 줄이고 세금을 올리는 등 노력했으나 2차 오일 쇼크로 효과를 내지 못했지.

1980년의 오일 가격은 카터 취임해인 1977년의 두 배가 되었어. 그러자 미국 국민들은 또 다른 변화를 찾았지. 영화배우 출신 공화당의 로널드 레이건Ronald Ragan을 새 대통령으로 선택한 거야.

1980년대와 냉전 종식

1970년대 후반은 실망의 시기. 두 번에 걸친 오일 쇼크의 영향이긴 했지만 살기 힘들면 민심은 새로운 변화를 찾기 마련이야. 이런 가운데 대통령이 된 레이건은 복지 프로그램부터 정비했어. 특히 헬스 케어, 직업훈련, 주택문제 해결에 정부가 돈을 지불하는 방식인 존슨의 위대한 사회 프로그램이 개혁의 대상이었어. 레이건은 이런 프로그램들이 제대로 작동되지 않아 재정만 낭비한다고 보았었지. 사람들이 너무 정부에 의존한다고 생각했어.

레이건은 강한 경제를 추진하면 정부의 복지 프로그램보다 훨씬 효과가 있다고 믿었어. 그래서 그는 사업을 활성화하기 위해 정부 규제를 과감하게 풀었거든. 사업을 부양할 수 있는 쪽으로 정책 방향을 잡은 거지. 그의 임기 말에 취임 때보다 2천만 명 이상이 직업을 가졌다고 하니 효과가 컸어.

국제문제는 또 다른 양상을 띠기 시작했어. 냉전의 한 축인 소련이 1980년대 들어서면서 난관에 부닥친 것. 그들의 계획경제는 국민들에게 충분한 일자리, 상품, 집을 제공하지 못했어. 경제가 실패한 거지. 더 이상 군비확장에 돈을 쓸 수 없게 된 거야. 그러니 어쩌겠어. 겉으로는 평화를 내세우며 군비축소를 제안해야 했지. 1985년 미하일 고르바초프Mikhail Gorbachev 소련 지도자가 레이건을 만나 군비경쟁 종식을 논의하기 시작했어. 2년간 여러 차례 만났지. 1987년 그들은 각자 보유하고 있는 핵무기 숫자를 줄이기로 하는 조약에 서명해. 얼음이 녹기 시작한 거야.

1988년에 조지 허버트 워커 부시George Herbert Walker Bush가 대통령에 당선됐어. 버락 오바마 대통령 직전에 했던 조지 워커 부시 대통령George Walker Bush의 아버지야. 부시의 시대에도 소련의 경제는 점점 더 수렁에 빠졌어. 소련의 허약함은 동유럽과 소비에트 연방 간의 공산주의 카르텔에도 영향을 미쳤지. 동유럽에서 저항운동이 일어나기 시작한 거야. 동유럽 공산주의 정권들이 하나둘 권력을 잃기 시작했어. 가장 극적인 것은 베를린 장벽이 무너지면서 동독과 서독이 통일된 것이었지. 이후 소련도 스스로 무너졌어. 냉전이 완전히 끝난 거야.

냉전이 끝났지만 중동문제는 여전히 현재진행형. 1990년 이라크의 사담 후세인Saddam Hussein이 쿠웨이트를 침공했잖아. 페르시아 걸프전The Persian Gulf War. 유전 탈취가 목적이었지. 부시는 유엔과 함께 연합체를 구성하여 이 전쟁에 개입해 7주 동안 전쟁을 치렀어. 미국의 첨단무기와 막강한 군대가 재빠른 승리를 이루어낸 쾌거. 그런데 미국은 후세인이 권력을 그대로 유지하도록 내버려두었어. 그게 훗날 또 다른 전쟁을 불러오게 될 줄이야.

1990년대와 경제붐

페르시아 걸프전의 승리가 가져다 준 조지 부시의 인기를 성장을 멈춘 경제가 발목을 잡았어. 실업이 증가하면서 부시의 지지율이 떨어진 거야. 1992년 민주당의 클린턴Bill Clinton의 당선이 이 같은 것을 반증하지. 선거 기간 내내 냉전이 끝났으므로 이제부터는 경제에 초점을 맞추어야 한다는 클린턴의 공약이 먹힌 거야. 그 유명한 선거 구호 "문제는 경제야, 바보야It's the economy, stupid!"가 대히트를 한 거지.

클린턴은 정부의 역할이 국민을 돕는데 있다며 사회보장 프로그램을 적극 추진해. 하지만 1980년대 레이건에 의해 시작된 적자재정은 새로운 프로그램에 비용을 쓰기가 몹시 어려웠어. 또 의회를 지배하고 있는 공화당은 더 이상의 정부 프로그램을 원하지도 않았어. 그래서 클린턴은 공공 서비스에 대한 의지는 강했지만 실천은 많이 하지 못하는 한계가 있었어. 하지만 경제는 다시 성장하여 1998년에 적자재정이 흑자재정으로 돌아섰지.

클린턴은 또 세계 분쟁의 해결사로 행동했어. 가톨릭과 프로테스탄트가 수십 년을 싸우고 있는 북아일랜드 문제, 여전한 중동의 갈등 등에서 성과를 내거든. 특히 동유럽의 발칸 지역에서 일어난 인종청소 문제에 개입하지. 옛 공산주의 정권인 유고슬라비아의 분리 과정에서 여러 민족이 각각 새로운 나라를 세우려고 하면서 싸움이 일어난 거야. 결국 미국과 여러 나라가 개입해서 해결해. 하지만 너무 희생이 커서 안타까움이 크지.

1996년 선거에서 클린턴은 재선에 성공하지만 인턴사원과의 부적절한 관계로 탄핵을 받아. 미국역사상 두 번째. 첫 번째는 1868년 앤드루 존슨Andrew Johnson. 상원은 클린턴의 유죄 여부를 알기 위해 청문회를 열었으나 죄를 찾아내지 못했어. 클린턴은 다시 대통령직에 복귀했지.

1990년대에 미국은 역사상 가장 긴 경제성장기를 구가해. 이 경제붐은 10년간 지속되지. 특히 미국은 다른 나라들과 자유무역협정을 맺어 국제무역을 증가시켜. 자유무역협정FTA, free Trade Agreement, 알지? 협정을 맺은 나라끼리 상품을 교역할 때 서로 관세를 없애 자유롭게 교역할 수 있도록 무역장벽을 낮추는 거. 관세가 없어지니까 상품가격은 당연히 싸지고, 그만큼 가격 경쟁력이 생기면 보다 많은 소비가 일어난다는 원리. 1990년대에 미국은 이웃인 캐나다·멕시코와 자유무역협정을 맺었지. NAFTANorth American Free Trade Agreement, 북미자유무역협정. 우리나라도 미국과 FTA를 체결했잖아. FTA는 협정당사국 간에 새로운 시장을 연다는 긍정적인 평가가 있는 반면 기술이나 경제력이 절대 우위인 나라와 대등한 비교조차 하기 어려운 나라가 서로 관세를 철폐하고 상품들이 자유롭게 넘나든다면 결국 강대국에 유리한 결과만 초래한다는 비판도 거세게 일고 있지.

주식시장이 2000년에 시대를 초월한 상승점에 도달하기도 했는데, 컴퓨터 테크놀로지가 이 1990년대 경제붐의 견인차였지.

개발자들은 더 좋고 더 빠르고 그러면서 가격은 싼 컴퓨터를 만들었어. 빌 게이츠Bill Gates라 불리는 한 개발자는 집, 학교, 회사에서 사용할 수 있는 컴퓨터 프로그램을 개발했잖아. 컴퓨터 산업의 성장은 하이테크산업의 붐을 가져왔어.

또한 ITinformation technology, 정보기술에 기반 한 첨단기술들은 세계를 거의 실시간으로 묶어놓았어. 특히 인터넷은 '정보혁명'을 가져오며 전 세계인의 삶을 바꾸어놓았지. 인류의 역사를 획기적으로 바꿔 놓은 신석기 시대의 농업혁명과 근대의 산업혁명에 버금가는 21세기의 정보혁명은 아직도 진행 중이어서 어디까지 갈지 아무도 예측하지 못할 정도야. 속도 또한 엄청난 가속도가 붙어 있어. 사실 따라가기가 무척 버거워 현기증이 날 정도야.

21세기의 시작

1999년 12월 31일 밤 11시 59분 59초, 그리고 2000년 1월 1일 오전 0시 0분 1초. 이렇게 시간은 야누스Janus, 두 얼굴을 가진 로마신화 속의 신의 모습으로 20세기의 마지막을 보냄과 동시에 21세기의 처음을 열었어. 새로운 밀레니엄을 맞는다며 노래 부르고 춤추고 불꽃놀이를 하며 야단법석을 떨었지. 새로운 밀레니엄의 시작은 사실 2001년 1월 1일이었어. 마케팅 귀재들, 즉 장사꾼들의 간계에 놀아난 거지. 이들은 서기의 연도 맨 앞자리 숫자가

'1'에서 '2'로 바뀌는 점을 심리적으로 이용하여 대대적인 마케팅을 펼쳤던 것. '빼빼로데이' 알지? 11월 11일. 장사꾼들이 기획한 전형적인 기념일. 어쨌든 이렇게 새로운 밀레니엄은 시작됐지.

미국역사상 가장 접전을 벌인 대통령 선거를 치르면서 미국은 21세기를 열었어. 민주당 앨 고어Al Gore와 공화당 조지 부시가 맞붙었는데, 부시의 힘겨운 승리. 내용에서 지고 결과에서 이긴 거라 할 수 있지. 미국의 대통령 선거는 두 단계로 치러지잖아. 국민들의 직접 투표로 선거인단electoral college을 뽑는 단계, 선거인단이 대통령을 뽑는 단계. 그런데 선거인단 선출이 재미있어. 각 주마다 일반투표에서 이긴 쪽이 그 주의 선거인단을 모두 싹쓸이하는 승자독식 형식이야. 선거인단 수가 적은 주보다 많은 주에서 승리하는 것이 유리하겠지. 그런데 2000년 선거에서 일반투표에서는 앨 고어가 이겼지만 선거인단 수에서 부시에게 뒤지는 결과가 나왔던 거야. 그래서 부시가 당선된 거지. 부시는 존 애덤스와 존 퀸시 애덤스 대통령에 이어 아버지와 아들이 대통령을 지내는 두 번째 사례지.

부시가 대통령에 취임한 그해2001년 9월 11일 끔찍한 일이 미국의 심장부에서 일어나. 9 · 11 테러September 11 attacks. 오사마 빈 라덴Osama bin Laden이 이끄는 알카에다Al-Queda가 비행기 4대를 공중납치하여 2대는 뉴욕의 세계무역센터World Trade Center를, 한 대는 워싱턴D.C. 외곽에 있는 국방성 건물인 펜타곤Pentagon을 공격했고, 마지막 한 대는 펜실베이니아에서 추락

하는 일이 일어났어. 거의 3천 명의 무고한 시민들이 목숨을 잃었지. 알카에다는 미국의 중동문제 개입을 강하게 반대해온 비밀결사체야.

이 일로 미국은 CNN이 폭격 장면을 현지에서 위성으로 생중계하는 가운데 아프가니스탄에 대한 공격을 개시했지. 아프가니스탄이 공격 목표가 된 것은 알카에다의 본부가 아프가니스탄에 있고, 아프가니스탄 정부가 빈 라덴과 그의 추종자들을 숨겨준다고 생각했기 때문이야. 영국, 프랑스 등 동맹국들까지 가세하여 아프가니스탄에 맹공을 퍼부어 몇 달 만에 승리를 거두었으나 빈 라덴은 잡지 못했어. 빈 라덴은 2011년 5월 1일, 파키스탄 아보타바드의 한 가옥에서 미 해군 최정예 특수부대인 네이비씰Navy SEALS에 의해 사살되지.

이 사건을 계기로 미국은 테러리스트와의 끊임없는 싸움을 위해 2002년에 국토안보부Department of Homeland Security를 만들었어. 테러리스트로부터 국가를 보호하기 위해 존재하는 많은 정부기구들을 이 부로 통합했어.

2003년에 부시는 중동의 또 하나의 골칫거리인 이라크를 공격하지. 페르시아 걸프전을 일으켰다 패배했지만 권력은 그대로 유지했던 이라크의 사담 후세인Saddam Hussein이 대량살상무기WMD를 숨겨두고 있다고 의심하여 이걸 찾는다는 명분. 한편에서는 대량살상무기를 핑계 삼아 석유를 노리고 벌인 전쟁이라는 비판이 제기됐고, 결국 미군은 이라크에서 대량살상무기를 찾질 못했다고 해. 후세인은 고향 티크리트에서 15㎞ 떨어진 한 농가의 좁은 지하실에 숨어 있다가 체포돼 2006년 12월 30일 사형당해. 텔레비전에 비친 덥수룩한 수염에 산발한 머리, 후줄근한 표정의 그의 체포 순간 장면이 아주 인상적이었지.

그리고 미국역사는 또 하나의 새로운 역사적 '사건'을 기록해. 2008년 11월 4일, 공화당 존 매케인John McCain 후보를 누르고 버락 오바마Barack Obama 민주당 후보가 제44대 미합중국 대통령에 당선되거든. 그의 당선이 단순히 새로운 대통령 당선의 의미를 넘어 미국역사에 새로운 한 페이지를 장식하지. 그것은 바로 그가 최초로 아프리카계미국인이자 하와이 출신 대통령이었기 때문이야. 앞에서 아프리카계미국인들이 어떻게 미국으로 건너왔고 또 정착해 살면서 어떤 대접을 받았는지를 생각하면 흑인 대통령의 탄생은 미국의 역사가 또 한 발의 큰 걸음을 내딛었다는 의미지. 오바마는 2012년 11월에 치러진 대선에서 공화당의 미트 롬니Mitt Romney 후보에게 이겨 최초로 재선에 성공한 흑인 대통령이란 기록까지 추가했어. 대단하지?

그런데 2019년 대선에서 많은 사람들의 예상과는 다른 결과가 나와 온 세계를 깜짝 놀라게 했어. 바로 '미국 우선주의America First'를 슬로건으로 내세운 도널드 트럼프Donald John Trump 공화당 후보가 당선 된 거야. 미국의 정계보다는 재계에서 활동한 부동산업자 출신이었던 트럼프는 럭비공과 같은 예측불허의 정책을 폈지. 물론 한쪽에서는 철저하게 이익에 복무하는 고도의 전략가라는 평가도 뒤따랐지. 사실 트럼프 시대의 미국 경제는 호황을 구가하긴 했어.

트럼프는 미국에 자꾸 도전하는 중국과 마찰을 빚기도 했고, 또 해외 주둔 미군들을 철수하겠다는 정책을 폈어. 그러면서 우리나라를 비롯한 미군이 주둔하는 나라에 엄청난 주둔비를 요구하는 횡포를 부리기도 했었잖아.

다만 우리나라에는 긍정적인 역할도 했었어. 북한의 비핵화 정책을 추진하는 과정에서 남과 북의 정상회담 개최에 지렛대 역할을 하기도 했고, 또 직접 김정은 북한 국무위원장과 역사적인 정상회담을 진행하기도 했거든.

하지만 트럼프는 재선에 실패했어. 오바마 대통령 때 부통령이었던, 한국 나이로 여든 살의 조 바이든Joe Biden 민주당 후보가 당선된 것. 하지만 트럼프가 선거 결과에 승복하지 않아 미국 민주주의에 대한 우려의 목소리가 많이 나오기도 했어. 또 인종차별이 심화되면서 걱정들이 많아. 오죽하면 앞에서 설명한 바 있는 '흑인의 생명도 중요하다BlackLivesMatter'는 인권운동이 대대적으로 벌어지겠어.

바이든 대통령은 지금 여러 가지 어려운 숙제와 싸우고 있어. 트럼프 대통령 말기에 시작된 세기의 전염병 '코로나19'와 힘겨운 사투를 벌이고 있고, 봉쇄로 마비된 경제를 이어가기 위해 천문학적인 양의 지원금을 풀기도 했지. 지금은 이 전염병이 어느 정도 잡히면서 예전의 생활을 회복하고 있기는 해.

지금 미국에서 바이든의 지지율은 그다지 높지 않아. 베트남 전쟁의 전철을 밟은 아프가니스탄에서의 미군 철수 과정이 매끄럽지 못하는 등 국정 전반에 걸쳐 국민들의 기대치에 미치지 못한다는 평가 때문이야. 하지만 아직 평가하기는 일러. 바이든이 국정 수행을 잘 할지 여부는 두고 보자고.

자, 이렇게 미국역사를 처음부터 끝까지 죽 훑어봤어. 모두 12강으로 나눠 살펴보았는데, 막상 마지막 강의마저 끝낼 시간이 되고 보니 아쉬움만 크게 남네. 하지만 미국행 비행기는 이미 미국에 도착한 걸. 이것으로 본 강의는 모두 끝내고, 마지막 종강에서 보자.

에필로그 종강

'다수'로 이루어진 '하나'의 나라

어느덧 강의가 마무리되었네. 적지 않은 시간을 투자했는데, 재미있었는지? 지금까지 강의를 죽 한 번 되돌아볼까?

아메리카 역사는 길지라도 미국역사는 매우 짧지? 기껏해야 500년 남짓. 하지만 물리적 시간이 짧았다고 해서 역사적 내용도 적었느냐, 그건 아닌 것 같지? 사람마다 판단하는 게 다르겠지만 내가 보기엔 지금의 세계 체제를 만들어 내는데 결정적인 역할을 했다는 점에서 미국역사의 가치는 충분하다고 생각해. 그 짧은 시간 동안 미국역사는 보통의 역사가 겪어야 할 것들 다 겪었잖아. 외세와의 전쟁은 물론 내전까지 겪으면서 역사를 이루어 나오거든. 물론 유럽 역사의 풍성한 자양분이 물적 토대가 되었다는 점도 중요하지.

역사에서 가정법은 무의미하다지만 그래도 한 번 사용해보면, 만약 유럽사람들이 이주하지 않고 아메리카 인디언들만이 지금까지 아메리카역사의 주인공으로 남아 있었다면 어떻게 되었을까, 여전히 옛날 방식을 고집하며 수렵과 채집 경제에 머물렀을까, 그러면 미국은 지금 세계에서 가장 못사는 나라가 되었을까……. 의문이 꼬리에 꼬리를 무네. 하지만 그런 일은 일어나지 않았고, 미국역사는 시작되어 앞으로 나아가고 있어.

미국 학교에서 강조하는 역사의 주체는 아무래도 와스프WASP 지. 와스프는 'White Anglo-Saxon Protestant'의 머리글자를 딴 약자로 '앵글로색슨계 백인 신교도'를 뜻하는 말이야. 와스프는 영국에서 아메리카로 이주한 프로테스탄트에 대한 자부심의 발로에서, 또 자신들을 다른 민족이나 종교로부터 차별화하기 위해 사용되는 표현이라고 볼 수 있지. 지금은 그 의미가 초창기보다 많이 확대되어 다른 유럽 출신들도 이 범주 속에 넣는다고 해. 아무리 그래도 이 강의를 듣는 한국학생들과는 거리가 먼 얘기고, 여전히 그 보이지 않는 인종차별과 싸워야 한다는 사실은 미리 마음에 준비해 두길.

강의를 시작하면서, 또 곳곳에서 아메리카 인디언에 대한 애정을 많이 드러냈어. 눈치 챘지? 그건 그들도 엄연한 미국역사의 주인공임에도 차별과 멸시를 받는 게 부당하다는 생각에서 나름의 애정 표시였어. 다룬다 해도 구색 갖추기 일뿐, 관광상품이나 문화재(?)로 취급하기 일쑤라는 인상을 지울 수 없었기 때문이야.

이 강의를 하면서 가장 곤혹스러웠던 것이 미국 학교 역사책에서 강조하는 영웅사관 문제였어. 내내 난감했어. 결과적으로 미국역사를 화려하게 장식한 명망가들의 이름을 죽 나열하는 식의 강의가 될 수밖에 없는 결과를 만들었어.

그리고 또 하나 어려웠던 점은 그 다양하고 많은 역사적 사건 가운데 어떤 것을 선택할 것인가 하는 문제였어. 이 문제 역시 영웅사관과 떼려야 뗄 수 없는 함수관계를 갖고 있어서 한계를 안고 있는 불가피한 문제였다고 변명할게.

미국역사를 평가해보면 미국이 민주주의를 발전시키는데 결정적인 역할을 한 것만은 분명해 보여. 국민이 정부와 지도자를 선택하는 것. 그리고 국민이 기본권을 행사할 수 있는 것. 미국의 역사는 이 점만은 확실하게 만들어놓은 것 같아. 수정헌법에 명시된 권리장전이 이를 웅변적으로 보여주잖아.

미국역사의 긍정성은 다민족일국가라는 점이 아닐까 싶어. 미국을 이민자의 나라라고 하잖아. 미국역사를 한 마디로 정의하라고 하면 나는 주저하지 않고 '이민자의 역사'라고 하겠어. 전 세계 사람들이 다 모여들잖아. 미국은 이민자들에게는 매력적인 나라야. 가난을 피해서든 정치적 종교적 자유를 찾아서든 미국은 이런 이들에게 자신의 꿈을 실현할 수 있는 무대이지. 아메리칸 드림을 실현할 수 있는 그런 나라. 너무 많은 사람들이 다 이민오다보니 1920년대에 이민을 제한하는 법을 통과시키기도 했는데, 이미자 출신이 유럽이나 멕시코 중심에서 라틴 아메리카나 아시아, 서인도, 아프리카 등으로 바뀌었다가 요즘은 3분의 1이 아시아계일 만큼 한국, 일본, 인도, 중국, 필리핀 같은 나라가 대세래.

이렇듯 많은 다른 민족들이 어우러져서 만들어 내는 문화적 다양성 또한 미국의 강점이지. 미국은 세계에서 가장 다양한 종교를 가진 나라로 꼽히잖아. 개인의 재능, 기술, 지식은 물론이거니와, 각 민족의 예술, 음식, 언어, 음악, 관습 같은 것들이 미국 문화를 더욱 풍부하게 만들어주지.

이 강의에서 문학이나 문화, 예술 분야에 대해 소홀히 다룬 점은 내내 아쉬워. 생각은 있어도 미국 교과서에서 다루는 비중이 작다보니 그렇게 됐는데, 이 책이 갖는 치명적 한계라고 생각해. 나중에 따로들 꼭 공부하길.

미국은 "다수로 이루어진 하나E pluribus unum"라는 모토를 갖고 있어. 이 모토는 동전과 미국에 있는 정부 빌딩 머릿돌에 새겨져 있다고 해. 처음 13개 주가 하나의 나라가 되었던 것을 떠올려주고, 오늘날 50개 주가 다양하고 풍부한 문화를 가진 하나의 나라를 이루며 산다는 것을 일깨워주고 있어. 의미심장하지.

자, 미국 학교에서 가르치는 미국역사, 여기까지야. 여러분에게 조금이나마 도움이 되길 기대할게. 즐겁고 유익한 유학생활 보내길 바래. 안녕!